# O TESOURO

## ECCEHOMO CETINA

tradução de
CARMEM CACCIACARRO

2009

CIP-Brasil. Catalogação-na-fonte
Sindicato Nacional dos Editores de Livros, RJ.

C418t    Cetina, Eccehomo, 1968-
         O tesouro / Eccehomo Cetina; [tradução Carmem
Cacciacarro]. – Rio de Janeiro: Record, 2009.

Tradução de: La guaca
ISBN 978-85-01-07920-6

1. Fuerzas Armadas Revolucionárias de Colombia.
2. Reféns – Colômbia. 3. Tráfico de drogas –
Colômbia. I. Título.

08-4347
CDD – 364.15409861
CDU – 343.432(862)

Título original em espanhol:
LA GUACA

Copyright © Eccehomo Cetina, 2008
Copyright da tradução © Editora Record, 2008

Todos os direitos reservados. Proibida a reprodução, armazenamento ou transmissão de partes deste livro através de quaisquer meios, sem prévia autorização por escrito. Proibida a venda desta edição em Portugal e resto da Europa.

Direitos exclusivos de publicação em língua portuguesa para o Brasil adquiridos pela
EDITORA RECORD LTDA.
Rua Argentina 171 – Rio de Janeiro, RJ – 20921-380 – Tel.: 2585-2000
que se reserva a propriedade literária desta tradução

Impresso no Brasil

ISBN 978-85-01-07920-6

PEDIDOS PELO REEMBOLSO POSTAL
Caixa Postal 23.052
Rio de Janeiro, RJ – 20922-970

EDITORA AFILIADA

# Prefácio:
# O que são as Farc?

A Colômbia é um país que nasceu da guerra e se desenvolveu na guerra desde seus primórdios como parte de um Estado Bolivariano (alusão ao libertador Simón Bolívar) que agrupava Venezuela, Peru, Equador e, é claro, a Colômbia. Tratava-se de um sonho bolivariano difícil de se sustentar por causa dos diferentes interesses das classes dominantes de cada país e pelo excessivo centralismo exercido por este modelo de Estado-Nação (deve-se entender o conceito do ponto de vista estritamente hermenêutico, porque, ao contrário de muitos países da Europa, os nossos foram primeiro Estados, criados no papel e por intermédio de instituições, e, depois, muito tempo depois, dele surgiu uma consciência de nação, embora eu acredite pessoalmente que poucos países latino-americanos, à exceção do México e de Cuba, possuem um arraigado sentido de Nação, anteposto ao papel do Estado. De qualquer maneira, a Colômbia faz parte dos países que ainda buscam esse sentido de Nação, difícil de encontrar).

No Estado-Nação Bolivariano da grande Colômbia, cada país cumpria, da melhor forma, o papel que lhe tocava na História: a Venezuela era o quartel militar (não em vão hoje é governada por um coronel, Hugo Chávez Frías), o Equador era uma igreja com o domínio supremo da Companhia de Jesus, dona das melhores terras (não em vão hoje os camponeses têm um poder decisivo no curso político, estimulado pelo ressentimento de sua pobreza histórica), o Peru era um tanto semelhante ao caso equatoriano, e a Colômbia era a *universitas*, o centro do saber, com suas universidades de direito e ciências políticas. Ao se desmembrar a Grande Colômbia, cada país manteve as regras próprias de sua natureza, herança do sonho bolivariano, e assim a Venezuela se tornou forte naquilo que sabe fazer e o que seus próceres ensinaram nos campos de batalha e no mar (são famosas as batalhas navais do almirante José Prudencio Padilla, determinantes na emancipação da América Castelhana do império espanhol, capacidades reconhecidas até pelo próprio Bolívar, arrogante e pouco dado a reconhecer o heroísmo de seus subalternos).

Mas, na Colômbia, como costuma acontecer neste país de contrastes e paradoxos, as mentes mais brilhantes das universidades, do direito e da política, tombaram sem escapatória nos campos de guerra, para defender com sangue o que era impossível resolver nos salões do poder executivo e da democracia (rústica, maquiavélica e quase inexistente desde então). Desta maneira, depois de passar por um período em que duas províncias rivais redigiam e declaravam soberanas suas próprias constituições, para sem tardança voltar a refazê-las numa constante e sonolenta história de congressinhos, adesões e declarações, o país, Colômbia, sofreu o transe bem conhecido como "pátria boba", pois os filhos do iluminismo se dedicaram a criar no papel um país que não correspondia às dimensões trágicas da realidade. Incapaz de governar com o papel e a letra, embelezada no limbo do poder, a Colômbia nunca começou sua história de país em paz, pois nunca houve uma constituição capaz, nem perfeita para ninguém, e a Carta Magna, que deveria servir para reger com princípios intransferíveis toda uma Nação, converteu-se em utensílio de bolso dos interesses políticos do turno (turnos seguramente duráveis, pois os dois partidos, o Liberal e o Conservador, perpetuaram-se no poder) e, desta maneira, a constituição foi reformada — ou deformada — no decorrer dos anos à custa de pequenas reformas urdidas nos gabinetes dos presidentes de turno e do próprio Congresso. A última reforma total da constituição se realizou em 1991 e, na minha maneira de pensar, agora, em 2008, pouco resta dela.

Impossibilitados de governar o país inventado no papel, os dois partidos políticos, Liberal e Conservador, famintos de poder, disputaram o trono de Bolívar da Casa dos Presidentes no campo de batalha e não nas urnas. Os dois partidos tinham seus exércitos exclusivos, devidamente amparados por suas constituições gêmeas e ao mesmo tempo díspares, de tal maneira que se enfrentaram desde 1898 até 1901 numa guerra fratricida que, por sua duração de três anos, ganhou o nome de Guerra dos Mil Dias. O país de um milhão de habitantes que era então a Colômbia ficou reduzido, em três anos, a 800 mil pessoas. Isto é, morreram na guerra 200 mil camponeses, 20% da população existente. Sempre que tinham uma disputa não resolvida nos salões do poder e do protocolo, liberais e conservadores se declaravam em guerra. Foi assim que, da política, nasceram muitos generais e, dos campos de batalha, chegaram à política muitos militares que reclamavam das arcas do Estado o butim e a recompensa por suas lutas.

Enquanto isso, o povo — camponeses meeiros que trabalhavam a terra de poderosos proprietários e chegaram a ser 70% dos habitantes daquela Colômbia rural do princípio do século XX — foi empurrado para o confronto constante, quer se tratasse do governo liberal ou conservador. Os conservadores tinham o apoio da Igreja, graças a diversas concordatas assinadas com Roma, e os liberais (pichados de ateus ou maçons pelos conservadores) tinham o apoio das massas desfavorecidas e paupérrimas. Criaram-se assim dois bandos, dois exércitos: um armado com os esfarrapados (liberais) e o outro (os conservadores) constituído por milícias particulares, integradas por personagens destacados da província e muitas vezes protegidos pela polícia. Ao longo de quarenta anos, os privilegiados do poder político convocavam o povo sempre em épocas eleitorais, esquecendo-se das massas durante os anos de governo e só levando-as em conta para verter sangue nos campos de batalha. Assim as guerras se converteram em esporte principesco das classes dominantes da Colômbia de então.

Mas nos anos 1940 ocorreu um fenômeno de massas sem precedente em todo o continente americano.

Surgiu um personagem político destacado vindo de uma família urbana de classe média baixa, filho de uma professora de escola pública e um vendedor de livros usados. Seu nome: Jorge Eliécer Gaitán. Era um homem de traços indígenas (coisa imperdoável na sociedade bogotana de então, com preconceitos étnicos que ainda permanecem), de baixa estatura mas corpulento, de cabelo preto e escorrido que lhe caía atrás da cabeça de melancia, de maçãs do rosto salientes, olhar penetrante e nariz de pugilista amador. Jorge Eliécer foi aluno destacado desde os primeiros anos, educado nas escolas públicas e formado em direito (como boa herança da *universitas* colombiana) na Itália, graças a uma bolsa concedida pelo presidente de então. Em Roma foi aluno excelente de Enrico Ferry, eminência do direito na Europa dos anos 1930, numa Itália tomada pelo fervor nacionalista do *duce* Mussolini. Todo seu saber se aplicou na política e outras qualidades histriônicas exibidas na praça pública logo lhe valeram a admiração e o apreço das massas, até então alienadas dos assuntos da política pelos aristocratas bogotanos.

Mas Gaitán foi um político extraordinário porque pela primeira vez um personagem desta natureza falava como o povo comum na rua. O "índio Gaitán", como se referiam a ele os brancos da capital, impregnados como já disse do complexo étnico, falava com a mesma entoação, utilizando as mesmas palavras e frases, de um vendedor de jornais numa esquina. E não só foi um político extraordinário pela maneira de falar, mas também pelo que falava. Pela primeira vez falou da *oligarquia*, palavra muito sua com que designava os donos do poder econômico e político; foi também quem falou do "país político" (referência aos políticos tradicionais) e do "país nacional" (forma como caracterizou camponeses e desfavorecidos esquecidos pela história). E assim expôs a dicotomia heráldica de um país entalado nesse momento em 45 anos de guerra. Um país político confrontado com um país nacional, um país político parasita de um país nacional, um país político com desprezo pelo país nacional. Um país nacional enterrado nos túmulos das guerras incentivadas pelo país político, um país nacional pobre e explorado pelo país político, um país político subestimado por um país nacional. Mas ali estava Gaitán, com sua voz semelhante à do povo, emprestando voz ao próprio povo, falando pelo povo e enfrentando os donos do poder pelo povo. E tudo isso sem disparar um único tiro. Era a primeira vez, em 45 anos de guerra, que os argumentos venciam a loucura das balas e a violência.

Gaitán ia ser presidente na eleição de 1949, mas em 9 de abril de 1948, às treze horas e cinco minutos, vários homens, vindos de diferentes lugares, dispararam cinco vezes contra ele. Caiu morto na calçada diante do Edifício Agustín Nieto, onde ficava seu escritório no centro de Bogotá. Dias antes, apesar das recomendações de vários de seus correligionários para tomar cuidado por causa das ameaças de morte, disse que não poderiam lhe fazer dano, muito menos matá-lo, porque nessa cidade não ficaria pedra sobre pedra. Pois o mataram e não ficou pedra sobre pedra, porque, poucos minutos depois de ser divulgada a morte na Clínica Central, o povo enfurecido tomou conta das ruas e desafiou com pedras e paus lançados contra a fachada da Casa de Nariño o presidente Mariano Ospina Pérez (conservador), que chamou a Força Pública para restabelecer a ordem rompida na cidade. Quando a horda foi retirada do palácio presidencial, dezenas de manifestantes deixaram um símbolo macabro deste transe histórico conhecido como *bogotazo*: o cadáver de Juan Roa Sierra, um dos assassinos materiais do líder popular. Prédios, lojas e bondes foram arrasados e devastados pela turba que tocou fogo na cidade por de três dias, com um furor de devastação que até hoje parece não ter acabado. Com a morte de Gaitán terminou um tipo de violência bipartidária (entre liberais e conservadores), mas começou o atual, em que agora está entalado este país do desvario.

Conservadores e liberais acertaram então a união para evitar, segundo eles, a devastação do Estado e suas instituições, num acordo conhecido na história local como Frente Nacional, nem mais nem menos do que um contrato para dividir o poder entre os dois partidos a cada quatro anos. Desta maneira, as milícias deixadas nos campos pelos liberais se reagruparam com furor e se transformaram em guerrilhas. Um camponês tolimense (departamento de Tolima), Pedro Antonio Marín, ou Manuel Marulanda Vélez, conhecido pelo apelido de Tirofijo, organizou seu grupo guerrilheiro e enfrentou durante décadas os governos liberais e conservadores (que, entrincheirados em seu acordo, em sua nova constituição particular do país político, esqueceram o país nacional, presenteando-o de novo com as decisões do poder), com uma tenacidade que pouco a pouco se converteu num mito.* Foi assim que nasceram as Farc (Forças Armadas Revolucionárias da Colômbia), como contrapoder do poder absoluto e reinante dos dois partidos que ainda hoje se convidam para os banquetes régios de seus governos a cada quatro anos.

Com um Fidel Castro triunfante em Cuba, ao derrubar o ditador Fulgencio Batista, que chegou a Havana com seus companheiros e colegas de luta na Sierra Maestra, felizes e invencíveis, em 1959, cabeludos e vestidos de verde-oliva, o fenômeno guerrilheiro assumiu dimensões de epopéia na América Latina e, é claro, muito mais na Colômbia, onde guerrilhas como as Farc representavam a sede de justiça social e libertação de governos tradicionais e corruptos. Foi assim que as Farc passaram de horda de foragidos a guerrilha de 10 mil a 20 mil homens. Hoje se estima que podem chegar a 30 mil homens. Nos anos de 1970 e 1980, o poder da guerrilha se concentrou em ataques às guarnições militares e aos povoados. Financiavam-se com o seqüestro de fazendeiros e a *vacinação* (isto é, a cobrança de uma quota pecuniária dos fazendeiros, segundo as cabeças de gado de sua propriedade). Mas foi com a irrupção dos cartéis da droga e o poder absoluto da

---

*Manuel Marulanda Vélez morreu em 26 de março de 2008 de morte natural (doença cardíaca) em algum ponto da selva colombiana, após o fechamento da edição original deste livro. (*N. da E.*)

produção e tráfico de entorpecentes que a guerrilha se converteu em semeadora e produtora da pasta de coca (base da elaboração da cocaína).

O poder econômico que o narcotráfico deu às Farc foi determinante em seu último período, um pouco mais de dez anos, de fortalecimento e expansão de suas ações guerrilheiras. Essa solvência ou liquidez financeira, para chamá-la de alguma maneira, permitiu às Farc adquirir armas sofisticadas e a implementar um tipo de guerra que inclui a retirada (podem esperar e planejar melhor seus ataques), e a fabricação de minas terrestres para inumeráveis campos minados. As Farc, assim, poderiam, com o dinheiro das drogas, financiar sua diplomacia no exterior, consistente em *chanceleres*, espécie de diplomatas, que estabeleceram um perfil melhor às Farc, perante a comunidade internacional, e, por último, ter a capacidade de ações seletivas nas principais cidades, onde seqüestraram políticos (têm em seu poder a antiga candidata presidencial Ingrid Betancourt, fato sobre o qual publiquei em 2003 um livro intitulado *La soledad de la media tortuga. El secuestro de Ingrid Betancourt*).\*
Contando militares, policiais e fazendeiros, calcula-se que as Farc têm em seu poder cerca de 4 mil pessoas. O seqüestrado mais antigo está com a guerrilha há dez anos.

*O tesouro*, meu livro mais recente, que você, estimado leitor, tem nas mãos, narra um dos acontecimentos mais extraordinários da guerra colombiana nos últimos sessenta anos de história: a descoberta em plena selva

---
\*Ingrid Betancourt foi libertada em julho de 2008. (*N. da E.*)

de El Caguán (zona onde as Farc conseguiram fortalecer seu império no sul do país) de uma pequena enseada que oculta 150 bilhões de pesos, que as Farc enterraram, produto do narcotráfico e dos seqüestros. Os soldados colombianos que encontraram a enseada em plena Semana Santa de 2004 acreditaram com fé cega que se tratava de uma recompensa divina, e enlouqueceram com a fortuna encontrada. O livro narra esses momentos vividos na selva: histeria, loucura e ambição entre a guerra de uns e outros, num país que não acaba de fechar o capítulo violento que começou naquela tarde de 9 de abril de 1948, às treze horas e cinco minutos, em pleno centro de Bogotá, com cinco tiros que ceifaram a vida do único homem na Colômbia que se atreveu a dizer as coisas como eram e continuariam a ser. Jorge Eliécer Gaitán deu voz a um povo para que o interpretasse depois que esse mesmo povo morresse de fome nos campos de guerra inventados pelo país político.

Com afeto, dedico estas páginas à minha filha María Paula Cetina, que herdou um país em guerra, e à minha mãe María del Carmen Rodríguez, que testemunhou de perto alguns episódios desta guerra que parece desafiar o pior dos pesadelos.

Eccehomo Cetina<br>Bogotá, fevereiro de 2008

O SOLDADO AGACHOU-SE sobre a folhagem, apoiando-se no fuzil erguido no terreno úmido e se desfez da necessidade fisiológica com a desenvoltura de costume, até que de repente lembrou que não tinha papel higiênico. Lançou um rápido olhar à camada de folhas secas que o rodeava, procurando algo digno com que terminar, e com um gesto de resignação desembainhou o facão e cortou um pedaço do cachecol. Quando o soldado Wilson Alexander Sandoval Guzmán começou a cobrir seus próprios dejetos escavando a terra, escorregou e cravou parte do facão num terreno macio coberto de ramos secos. O som oco que o metal produziu dentro da terra o paralisou. "Merda, uma mina!", pensou, e à medida que soltava o punho do facão, deu um passo para trás sustentando o pouco fôlego que lhe restava. Mas a explosão que esperava não aconteceu, e ele voltou a cavar a folhagem seca e a terra, desta vez com um cuidado milimétrico, até descobrir um bloco arredondado e compacto, plantado com tal esmero que pareceu impossível ao soldado pensar que se tratasse de outra coisa que não armas ou munição da guerrilha, como as encontradas por sua companhia, a Demolidor, nesse mesmo dia. Ao limpar a superfície do bloco e cavar em volta com o facão, ficou exposta uma lateral plástica, de cor azul, forrada com um saco de lixo preto. "Uma vasilha de munição!", pensou o soldado Sandoval, enquanto alavancava o facão pela base para poder enfiar os dedos e retirar um recipiente de setenta centímetros de altura. Quando conseguiu, o rapaz resfolegava como um animal, com os braços e o rosto sobre a tampa do latão, derretido num suor espesso. Um odor penetrante o fez afastar o rosto: espirrou três vezes, mas a sensação de ter pimenta no nariz não parou e, temendo chamar a atenção dos outros soldados dispersos na selva, ele tapou o nariz e a boca e conseguiu sufocar vários espirros. Cortou a cinta que fechava a tampa do reservatório e descobriu um pozinho esbranquiçado para matar formigas espalhado sobre vários maços de notas, que não terminou de retirar, num arrebatamento de medo e alegria que não pôde controlar a seguir. De repente, viu entre os maços uma folha de registro, com uma caligrafia simples: "Notas de vinte mil pesos. Moeda colombiana. São 350 milhões de pesos." Mal somados, pensou, estava diante de uma quantia tão grande de dinheiro que poderia fazer uma montanha de notas difícil de esconder. Enquanto começava a guardar o tesouro na mochila, a sensação anêmica do medo apoderou-se do seu ventre; era uma dor fria e silenciosa que o foi invadindo em meio àquelas trevas permanentes, apesar dos dias claros, porque ali a luz é obstruída pela fechada malha vegetal da copa das árvores altas e frondosas da temível selva do El Coreguaje. Deixou o resto do dinheiro no recipiente, que enterrou no mesmo lugar, sob mais terra e mais folhas secas. Foi nesse instante, quando terminava de esconder seu tesouro, que sentiu uma fetidez lhe escorrendo pelas pernas. Mas para ele era mais importante esconder a mochila cheia de maços de dinheiro sob o casaco pesado como um fardo de tijolos, do que se limpar dos estragos de uma diarréia irrefreável, provocada pela água larvada de ovos de mosquito e por uma temperatura sinistra, de frio sob a proteção das árvores e de um calor infernal em campo aberto. Ao chegar à sua fortaleza, encontrou um dos companheiros acordado sobre o colchão. O soldado o viu entrar no fortim suando como um burro de carga sob a imensa mochila. Reclinou-se e tratou de ajudá-lo, mas Wilson Alexander baixou o fardo e como resposta retirou vários maços e os entregou ao companheiro com uma frase de irmão: "isto é para que você mande à merda toda a sua pobreza." Depois escondeu a mochila sob o colchonete e os utensílios de campanha e tirou vários maços mais, cerca de dois milhões de pesos, e entregou-os a outro soldado novo, no rosto de quem vira estampada a pobreza, desde a sua chegada à selva dois meses atrás. Quando deu a ele o dinheiro, fez também uma advertência: "isto é para você, mas ninguém lhe deu." Voltou a entrar em sua trincheira e foi para o colchonete sem conseguir conciliar nem mesmo cinco minutos de sono, porque até esse dia não sabia o que era ser milionário.

O TESOURO

Meses depois, recolhido em um cárcere militar à espera da sentença, o soldado Wilson Alexander Sandoval recordaria o achado que o meteu de cabeça na experiência mais dolorosa da sua vida:

*Com tanto dinheiro nas mãos, a gente fica tão traumatizado que nem pensa, a alegria de ver tanto dinheiro transtorna a gente, isso não tem explicação, e olha que o meu era dinheiro colombiano, notas de vinte mil pesos, suficientes para resolver meus problemas, porque imagine que eu não tenho casa e passei a vida toda pagando aluguel, com uma mãe que vende cachorros-quentes num carrinho para sobreviver e um pai sem trabalho, tá? Para mim é uma satisfação tremenda, pois passar de viver sem nenhum peso no bolso a ter todo esse dinheiro, isso enlouquece a gente, fazemos planos com a família; por isso, quietinho, quietinho, guardei todo o dinheiro no equipamento e me recostei, protegendo-o, não sem antes dar um dinheirinho para aqueles com quem me dava bem, já que eles viveram a minha situação, já que eles vivem por aí em invasões, em lugares feios, numas zonas que são umas drogas de bairros, então a gente pensa nos que mais necessitam, não é? E como os caras eram dos meus, dei parte do dinheiro a eles. E disse a eles: olha, encontrei uma vasilha com dinheiro, olhem e peguem aí o que quiserem pois tem para todos, que ficássemos calados, que com esse negócio íamos arrumar um pouquinho a vida, porque com esse soldo tão ruim que tínhamos não ia acontecer nada. Imagine, em quatro anos de Exército, tenho um soldo de 497 mil pesos mensais! Por isso, com todo esse dinheiro que me chegou às mãos nesse dia eu pensei em comprar uma casa e um táxi para trabalhar. Essa era a idéia. Por isso passei oito dias com insônia, pensando nos planos que ia realizar com esse dinheiro, pensando na alegria da minha família quando dissesse que não íamos mais pagar aluguel, que íamos viver em algo próprio. Pensava nisso, e isso é algo muito motivador, que tira o sono de qualquer um. Nesse dia me começou uma diarréia que não parou em oito dias, eu não sei se era a emoção do dinheiro ou do produto químico que tinha no dinheiro do esconderijo, realmente não sei, mas tanto dinheiro me deixou doente, com esse mal-estar de dor de cabeça e febre. E era um suplício fazer as necessidades porque me limpava com folhinhas ou pedaços de roupa, porque não tinha nada. Bem, mas uma coisa é verdade: se tivesse papel higiênico com certeza eu não teria encontrado o dinheiro que encontrei. Desde essa noite ficou claro que eu não ia desertar, nem pedir baixa; meu plano era continuar, mas com o dinheirinho no seguro, como dizemos no Exército: "somos loucos de gostar disto", por isso eu pensava em continuar aqui um bom tempo, pelo menos por mais dois anos. Nesse dia todos ficamos calados, com o dinheiro escondido, por medo que nos roubassem, porque um soldado com tanta grana no grupo e tanta gente ao lado é muito tentador, uma tentação muito... me entende? Depois de ter o dinheiro, chega outro e leva, isso é um golpe duro. Imagine, a minha situação não era a melhor, porque à tensão de vigiar a grana para que não me roubassem se juntavam os perigos do combate na selva do El Coreguaje; é um clima de tensão bastante difícil porque outras unidades que estavam por ali perto mantinham hostilidades todos os dias. Os helicópteros nos ajudavam muito, todos os dias, por cima, já que isso era algo muito... ou seja,*

O TESOURO

*a mata da guerrilha, essa região é onde eles vivem, com muito campo minado onde caem muitos soldados. A única coisa que impede que se caia ou não em um campo minado é a sorte e muito olho; às vezes a gente consegue ver um campo minado e outras vezes não, quando você vê já esticou as canelas e voou, e já não sente essa foda, nem sabe por que morreu... isso é muito duro.*

Ele e os 146 soldados do Batalhão Contraguerrilha Número 50 que entraram na zona selvagem do Caguán — a mesma região de 42 mil quilômetros quadrados, onde durante três anos e meio ocorreram os diálogos de paz entre as Farc e o governo — tinham uma missão: capturar uma coluna guerrilheira que em 12 de fevereiro de 2003 seqüestrou três funcionários antidrogas norte-americanos. O aviãozinho Cessna 208, de matrícula HK 116G, que transportava os funcionários antidrogas norte-americanos, sobrevoava a região a fim de detectar e tirar fotografias das plantações de coca e colidiu contra a colina Alejandría, no departamento de Caquetá. A avaliação das autoridades aeronáuticas esclareceu que o acidente foi provocado pelos disparos de uma coluna guerrilheira de terra. Segundo confessou o guerrilheiro Fidel Casallas Bastos, que ajudou a derrubar o aviãozinho e foi capturado dias depois, a coluna rebelde esperara várias semanas que um avião "fantasma" passasse pela região, mas diante da inesperada presença de um avião de pequeno porte, que atravessou a zona em baixa altura, decidiram abrir fogo. A aeronave recebeu 35 projéteis de fuzil e metralhadora,

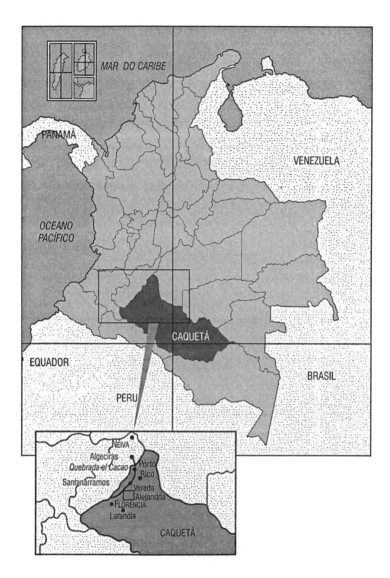

Lugar onde colidiu o avião de pequeno porte que transportava os funcionários antidrogas norte-americanos.

a maioria calibre 5.56. Com o motor avariado e parte do avião em chamas, o piloto conseguiu baixar o aparelho e fazer uma aterrissagem de "barriga" sobre a colina Alejandría. Antes da queda, um dos americanos conseguiu se comunicar com a base militar de Larandía, em Caquetá, e deixar em seu registro o local exato onde se encontravam, um dado de GPS (iniciais em inglês do Sistema de Posicionamento Global) para que fossem resgatá-los. Mas os homens das Farc chegaram até lá para cercar o avião e esperar que os ocupantes dessem sinal de vida e saíssem um por um. Segundo Casallas, os primeiros a sair da aeronave foram Keith Stansell e o sargento colombiano Luis Alcides Cruz, este muito alterado, pois foi o primeiro a ver os guerrilheiros que se aproximavam do avião. Os rebeldes tiraram Howes, Stansell e Gonçalves da estrutura desmantelada da aeronave e os fizeram descer a colina rapidamente, enquanto outro grupo ficou com o sargento Luis Alcides Cruz e o agente americano Thomas J. Jaines, que foram fuzilados pelos subversivos perto do local da tragédia. Os três norte-americanos restantes, Thomas Howes, Keith Stansell e Marc Gonçalves, feridos na colisão, foram afastados do local abaixo da colina Alejandría, e condenados a um seqüestro que ainda não terminou.

 Imediatamente o Exército deu início à "Operação Fortaleza", a fim de capturar os seqüestradores e libertar os agentes. Por essa razão, ao Batalhão Contraguerrilha Número 56 — que há um ano cruzava a Cordilheira Oriental com o objetivo de retomar os 42 mil quilômetros de zona desmilitarizada oferecida para os diálogos com a guerrilha — coube a missão de impedir o avanço dos seqüestradores. O batalhão foi enviado à vereda Alejandría, em Caquetá — um dos departamentos que, com o Meta, formaram por três anos e meio a zona desmilitarizada. Em substituição ao 56, chegou a San Vicente del Caguán o Batalhão Contraguerrilha Número 50, cujos homens tinham recebido um intenso treinamento na guarnição militar de La Plata, no departamento de Huila. Os detalhes que cercaram a chegada desse novo batalhão à antiga zona desmilitarizada não deixavam antever a surpreendente história que seria protagonizada pelos seus 147 soldados, a maioria filhos de famílias humildes, para quem uma carreira militar em uma das zonas mais perigosas do mundo, embora pareça paradoxal, é o único meio de sobrevivência. Os homens chegaram ao aeroporto de San Vicente del Caguán vindos de Neiva e foram transportados em caminhões até o Batalhão Cazadores, onde acamparam perto do lago e almoçaram à espera da ordem que os levaria a seu destino insuspeito. Quando o comandante do Batalhão Contraguerrilha Número 50, o major Julián Ramón Vallejo Loaiza, começou a distribuir as instruções operacionais, as quatro companhias se encontravam em perfeita formação: a Companhia Águia, comandada pelo tenente Asprilla; a Abutre, pelo tenente Jorge Sanabria Acevedo; a Cobra, pelo sargento Bedoya e a Companhia Demolidor, sob o comando do tenente Ilich Fernando Mojica Calderón. Às quatro da manhã do dia seguinte, eles embarcariam equipados e armados em caminhões para Las Morras, o inóspito coração da selva de Caguán, no sudeste da Colômbia, retaguarda estratégica da coluna móvel Teófilo Forero das Farc, um comando guerrilheiro especializado na fabricação de minas terrestres, "plantadas" em 422 municípios colombianos; esta quadrilha foi a primeira criada por Manuel Marulanda Vélez, o Tirofijo. Todas as ações ordenadas por Tirofijo e seu secretariado são executadas ou coordenadas por esta coluna móvel, a partir dos departamentos de Cundinamarca, no centro do país, até o Caquetá, no sul da Colômbia. Os 147 homens do Exército empreenderam a marcha para esse lugar em plena madrugada; estavam a poucas horas de uma caçada frenética atrás dos guerrilheiros e dos funcionários antidrogas norte-americanos. O avanço inicial foi feito pela estrada principal que sai do município de San Vicente del Caguán, até a primeira parede selvagem, onde os homens desembarcaram dos caminhões e se internaram na mata cerrada úmida e densa de Las Morras. O batalhão, dividido em quatro companhias, começou um avanço lento entre o bosque paralelo à estrada e o rio Caquetá. As companhias Abutre e Demolidor foram na ponta. Seus homens caminhavam pisando com cuidado, preocupados com as minas plantadas pela Teófilo Forero entre as trilhas de feras, ou localizadas entre as maiores árvores dos atalhos, cuja folhagem esconde os fios esticados das bombas, nos quais se enredam para sempre muitos animais, camponeses ou militares: as temidas minas *cazabobos*.

    Em Las Morras e mais acima, na selva do El Coreguaje, cuja entrada se faz cruzando o rio Caquetá em

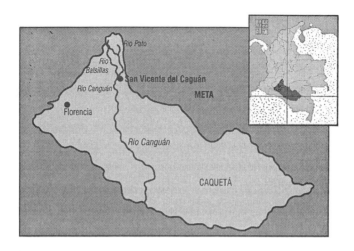

Departamento do Caquetá. Antiga zona de distensão.

muito poucos trechos, o bosque cresce sob uma escuridão em plena luz do dia, porque as árvores são tão altas e o teto tão frondoso que apenas alguns raios de sol penetram entre a vegetação, e mais abaixo chega somente um véu verde tênue, ofuscado por vaga-lumes diurnos e nuvens de mosquitos imensos que picam como punhais. Entre as trevas úmidas da vegetação, a temperatura chega a 38 graus centígrados, mas cai de repente nas encostas e colinas, por cujas árvores se estende uma neblina lacustre que viaja pela selva à deriva. Nessa atmosfera, o ar é compacto, o corpo mais pesado e o sinal de comunicações fraco ou quase impossível. Dói usar a roupa sobre a pele e esta se enche de pequenas algas e fungos que em poucos dias a infectam, produzindo equimoses e inflamações de cão sarnento. Incluindo o fuzil Galil calibre 5.56 ou a metralhadora M60, de fabricação americana, os lança-granadas OMGL, de quarenta milímetros com 48 granadas, os morteiros de sessenta milímetros, os 1.700 cartuchos e as 12 cartucheiras de cem cartuchos cada uma, o equipamento de um soldado pode ultrapassar vinte quilos. Em tais dificuldades, e com a tensão sempre no limite, se um batalhão consegue avançar 500 metros em um dia sobre a selva do Caguán pode se dar por satisfeito. Ao chegar a Las Morras, o batalhão procurou primeiro a parte mais alta da zona, como de costume, e seus homens acamparam por oito dias, dispersos por vários sítios, à espera do primeiro abastecimento, pois as rações, quer dizer, a comida enlatada e os mantimentos de cozinha, tinham acabado. Ancorada no meio da selva, só restou à tropa iniciar trabalhos de inteligência, com registros no perímetro a cada seis horas por parte do grupo de segurança e a busca de caminhos de acesso. O movimento começava às cinco da manhã e se prolongava até as três da tarde, hora em que começa a noite na selva. Daí em diante reina um silêncio absoluto, a tropa regular deve emudecer e ouvem-se apenas os comandantes falando, que atendem as ordens de seus superiores e as distribuem aos suboficiais de pelotão e esquadra, até que a mensagem chega, com sigilo, ao soldado, à sentinela, ao aguadeiro, ao cozinheiro ou ao encarregado da munição, que a cumpre praticamente sem ser notado. É a lei da selva, onde o código de preservação na noite é o silêncio. Na sétima noite desses oito dias de espera, o tenente Jorge Sanabria Acevedo, um boyacense de 29 anos, formado militar na Escola José María Córdoba, aproximou-se de um dos suboficiais que escoltara enquanto dormiam. "O que está acontecendo, meu tenente?", perguntou o ajudante. "Não consigo dormir, irmão, a coisa está complicada." A sentinela ficou olhando para ele sem responder e voltou a inspecionar a moita, apurando o ouvido. "Tão logo cheguem os suprimentos amanhã, devemos sair daqui, estamos dando muita moleza." "Alguns pelotões", respondeu o suboficial, "estão comendo arroz puro". "A comida é o de menos", reiterou o tenente Sanabria, "o negócio é que a guerrilha pode nos surpreender a qualquer momento, conforme disse o major Vallejo." O major Julián Ramón Vallejo Loaiza, comandante do Batalhão Contraguerrilha Número 50, localizado no Batalhão Cazadores, informara à tarde, por rádio, que as Farc tinham várias "coisinhas" prontas, esperando por eles ali, referindo-se aos campos minados que procuravam obstruir o avanço da tropa. "Se Deus quiser, saímos amanhã, meu tenente", completou o suboficial. "Sairemos amanhã, irmão, sairemos amanhã. Agora, quieto", concluiu o tenente Sanabria recostando-se no colchonete.

## 7 DE ABRIL

Às cinco da manhã o major Julián Ramón Vallejo Loaiza informou ao tenente Sanabria que as provisões chegariam em lombo de mula, mas que, uma vez recebidas, a Companhia Abutre deveria se encarregar de cravar um morteiro de 81 milímetros em um promontório próximo para dar cobertura ao avanço de seus homens e das demais companhias. A arma de artilharia foi instalada sobre seu tripé em uma bananeira. O major Vallejo Loaiza ordenou que ela fosse disparada várias vezes, e o batalhão avançou para a confluência do rio Balsillas com o Caquetá. O movimento de formigas da tropa na selva diminuiu a sensação de perigo que surpreendeu os homens durante sua estada de oito dias, mas foi apenas um alívio momentâneo, pois, ao chegar às margens do rio Balsillas, a ponta-de-lança da tropa, a cargo do sargento Iván Mauricio Roa Martínez, descobriu que a ponte suspensa de madeira por onde o batalhão deveria cruzar para o Coreguaje fora minada pela guerrilha. "O balanço", como chamam esse tipo de ponte provisória, foi inspecionado pela equipe antiexplosivos a cargo do sargento Fontes, que corroborou as informações do comandante do batalhão, segundo as quais a guerrilha costuma dinamitar esses corredores entre seis da tarde e seis da manhã. Os homens cruzaram a ponte conforme o combinado, deixando Las Morras para trás a fim de tomar posição nos primeiros metros da selva do Coreguaje. O subtenente Iván Mauricio Roa Martínez explicou aos investigadores: "O movimento para o Coreguaje era muito lento porque a subversão usa muito as minas antipessoais, plantadas ao longo de La Morras, passando por uma rede; este setor, sim, é indigno. Antes de iniciar o nosso movimento, a colina foi bombardeada por helicópteros da Força Aérea. Demoramos a nos movimentar porque as provisões chegaram por terra nesse momento e estávamos a aproximadamente quatro quilômetros da estrada."

A Companhia Abutre passou primeiro, sem equipamentos, e assegurou a parte alta do novo território, enquanto a Demolidor desencravou o morteiro e deu continuidade ao avanço. O sargento Roa, um homem curtido por três anos de intempéries na selva, esperou Sanabria, comandante da Abutre, na dianteira. "Meu tenente", disse o soldado, "tome a ponta enquanto retorno pelos grupos para continuar com o avanço". O tenente Jorge Sanabria Acevedo continuou ponteando com seus homens, até encontrar um caminho real, uma antiga trilha indígena, parte do que os militares chamam de "corredores estratégicos da subversão". Caminharam cinco horas, em grupos que por momentos desfaziam a formação em losango e adotavam a de fila indiana. Nesse momento, o major Julián Ramón Vallejo Loaiza comunicou por radiofone ao tenente Jorge Sanabria que este devia tomar a parte mais alta do terreno, pois um acampamento guerrilheiro fora detectado a um quilômetro e meio. Os oficiais tomaram nota das coordenadas e gravaram-nas no posicionador geográfico. "Meu major", disse o tenente Sanabria ao comandante do batalhão, "vou entrar no setor com a minha unidade." "Não", respondeu imediatamente o major Vallejo Loaiza, "espere um pouco que eu lhe entrego o terreno!" Então, várias explosões de granadas de artilharia de 105 e 120 milímetros romperam a tranqüilidade da selva de El Coreguaje e os homens da dianteira se lançaram em uma corrida alternada com manobras de arrasto que os foi levando em uma espécie de correria de gazelas até a folhagem. A crepitação de água em azeite quente, que era o som do radiofone quando se ativava a comunicação, voltou a ser ouvida: "Meu major", soou a voz sufocada do tenente Sanabria, "vou entrar no alvo, vou entrar no alvo com a Abutre!" O tenente Jorge Sanabria, em companhia do sargento Diego Fernando Racines Plaza, ia ziguezagueando em pé e arrastando-se como cobra, enquanto tiravam como podiam as coordenadas do local exato onde se erguia o acampamento guerrilheiro. Seus cálculos diziam que estavam a quatrocentos ou quinhentos metros do objetivo em linha reta, mas o terreno era íngreme e era possível que estivessem enganados. Ambos sabiam disso e por isso insistiam em se arrastar, quando o que queriam era levantar e abrir fogo contra os guerrilheiros que com certeza ocupavam o fortim. Na parte baixa da colina, um dos soldados da Companhia Demolidor espalhou entre os outros membros do pelotão que um guerrilheiro os seguia escondido entre as folhas. Para um subversivo acostumado a diferenciar a sinfonia de ruídos selvagens em diferentes horas do dia, e capaz de distinguir o ranger de um ramo seco de um ramo verde a vários metros de distância, seguir com o ouvido um pelotão de soldados é questão de tempo e paciência. O sentinela da quarta esquadra do segundo pelotão da Demolidor, que estivera alerta para um eventual ataque do guerrilheiro escondido, fez um rodeio e se afastou dos companheiros a fim de surpreender o subversivo por trás. A única coisa que se ouviu foi um farfalhar de ramos secos e a respiração cautelosa do soldado que surgiu da moita banhado de suor. Embora pudesse se tratar de um alarme falso, provocado pela constante sensação — quase extra-sensorial — de se sentirem observados do fundo da escuridão, os soldados não voltaram a recuperar a tranqüilidade, nem mesmo quando as vozes dos comandantes anunciavam nos radiofones que a área estava livre de guerrilheiros. Os homens da Abutre chegaram ao acampamento das Farc sem disparar um único tiro. Em poucos minutos, os soldados da Demolidor que cercavam a colina desde baixo fizeram o mesmo. Por um momento, sem que uns e outros notassem, as duas companhias se encontravam no acampamento abandonado, olhando-se, silenciosas, à espera de dar o bote ante o mínimo movimento estranho.

Meses depois, o soldado Damián Solano Suárez, da Companhia Demolidor, relatou essa experiência ao tribunal 51 de instrução penal militar: "A Companhia Abutre chegou à colina onde começa o El Coreguaje. A seguir, por ordem do comandante do batalhão, ordenaram que prosseguíssemos ou nos juntássemos à Companhia Abutre para ter segurança e apoio mútuo. A Companhia Demolidor instalou-se onde estava localizada a Companhia Abutre. O primeiro pelotão da Companhia Demolidor chegou sem problema ao lugar determinado. O segundo pelotão, após se juntar ao primeiro, instalou-se no local determinado e, num intervalo de dez minutos após ter chegado, foi surpreendido por um bandoleiro das Farc que estava seguindo a tropa em seu deslocamento, talvez com o objetivo de eliminar a sentinela ou de observar a localização da tropa. A sentinela de guarda reagiu, mas não houve baixas nesse momento. Depois a companhia se organizou para realizar os respectivos registros da área sobre a qual o comandante do batalhão fora informado que nos tinham detectado e que havia zonas preparadas; a seguir, o primeiro pelotão da Companhia Demolidor fez uma verificação profunda até a parte mais alta da colina e encontrou a casinha de zinco: um abrigo da guerrilha."

A tropa examinou a área cada vez com menos temor de encontrar uma "mina antipessoal", como costumam chamar essas bombas ocultas entre a lama e os matagais, e descobriu uma choça erguida sobre quatro vigas de sustentação e coroadas com lâminas de zinco. Vários soldados da Demolidor, que tinham começado a escavar com insistência o terreno escolhido para a casa desde que chegaram à paragem, encontraram uma fossa com várias botijas. Outros militares da Companhia Abutre tiraram da choça um fardo de mantas de borracha, com as quais os guerrilheiros se vestem na selva para enfrentar chuvas que duram semanas inteiras, e reuniram em montes pedaços de pavio para explosivos, ferragens para a fabricação de embornais e equipamentos, centenas de agulhas para costurar e dúzias de lanternas imprestáveis e turvadas pela fuligem do uso. Quando a choça foi desocupada, os homens da Demolidor tinham chegado ao fundo da fossa, de onde começaram a extrair umas botijas que os deixaram em alerta, por causa das armadilhas minadas que a guerrilha costuma deixar dentro delas. Mas eram apenas recipientes imensos, cheios de uniformes de polícia e mais lanternas, grandes e novas, com as quais os guerrilheiros autorizados a usá-las salvam seus companheiros em perigo ou extraviados da rota, como se fossem faróis marinhos. Até aquele momento a tropa não tinha manifestado sua alegria pelo primeiro êxito da Operação Fortaleza, embora todos soubessem que arrancar da guerrilha nem que fosse um botão de jaqueta, no mundo primitivo, significava que uma grande vitória os rodeava. Só assim se explica que uns jovens preparados para a guerra, mas famintos, infectados por mosquitos e fedorentos, não vejam como seu maior butim de guerra a tomada de um acampamento de passagem da guerrilha, mas sim a descoberta de outro buraco, com dúzias de dentifrícios, escovas de dentes, sabonetes e desodorantes para homens e mulheres, que, para um combatente abatido pelas frieiras nos pés e assolado pelo odor da sua própria merda, são tão importantes quanto a comida. "Meu tenente, tenente Mojica, olhe o que encontramos, tenente: creme dental e sabonetes!", gritou um dos homens. O tenente Ilich Fernando Mojica Caldeirón, comandante da Companhia Demolidor, apareceu entre as ramagens e sorriu diante da montanha de artigos de asseio em torno da qual alguns de seus homens pulavam como se estivessem diante de um tesouro incalculável. Ao cair a tarde, as pilhas de oleados, lanternas, agulhas e demais bens ardiam em uma pira em plena selva, aprovada pelo major Julian Ramón Vallejo Loaiza, comandante do BCG-50, que além disso autorizou que a tropa se apropriasse dos artigos de asseio e se banhasse por turnos, depois de tantos dias a andar e dormir na selva com os mesmos uniformes da partida.

## 8 DE ABRIL

A tropa retirou-se do acampamento guerrilheiro abandonado assim que foram tiradas as fotografias de costume dos buracos encontrados e incinerado o material inútil. O comandante do BCG-50, major Vallejo Loaiza, ordenou que a Abutre e a Demolidor se unissem na retirada a fim de evitar as surpresas de eventuais franco-atiradores pendurados nas árvores mais altas e afastadas. Como os comandantes das duas companhias estavam de acordo de que aquela zona representava um sério perigo para a tropa, decidiram retroceder pelo mesmo caminho pelo qual cada um entrou no acampamento com seus homens. A Demolidor retirou-se pelo oriente e a Abutre, pelo sul. No caminho de volta, a Companhia Abutre chegou a um barracão com um teto meio de zinco, meio de palma, tão velho e derrubado pelos últimos aguaceiros, que era impossível saber que parte tinha sido a primeira. A casa era habitada por uma família indígena, de rostos assustados, cujos filhos ainda eram amamentados pela mãe, enquanto o homem pastoreava algumas cabras em estado lastimável, esfomeadas e buliçosas. Os soldados surgiram como que vomitados pela selva e saudaram em tom de paz os nativos, que os convidaram a descansar com um amistoso "Hola, muchachos!", que utilizam igualmente, em meio à virulência do conflito, tanto para hospedar militares quanto guerrilheiros. A Companhia Abutre acomodou-se como pôde ao redor da casa, tirando os embornais e abrindo as camisas e os coletes para melhor receber o ar. Alguns se deitaram com as pernas estendidas sobre a terra fresca, na qual os raios do longínquo sol das quatro da tarde conseguiam se refletir. O comandante da Abutre, tenente Jorge Sanabria Acevedo, perguntou à família se havia algum problema de sua tropa pernoitar ali. Como resposta, o indígena, cujas mãos eram nodosas e robustas, disse que podia sacrificar apenas um cabrito para a comida de todos. Ao cabo de uma hora, a Companhia Demolidor chegou à paragem; seu comandante, o tenente Ilich Fernando Mojica Calderón, reuniu-se com seu par, o tenente Jorge Sanabria Acevedo, comandante da Companhia Abutre, em um descampado afastado da tropa. "É melhor nos separarmos, irmão", disse o tenente Sanabria, "não conhecemos a área e os índios me dizem que por aqui perto passou muita gente." "Então", acrescentou o tenente Mojica, "vamos posicionar a tropa ao longo da cordilheira." Nesse momento, ouviram-se três disparos que fizeram os soldados estremecer. Os homens se lançaram para os embornais e ergueram seus fuzis em posição de tiro. Muitos se internaram na selva procurando com o ouvido o rastro da detonação. "Lá vão os filhos-da-puta!", gritavam alguns. Os dois comandantes trataram de organizar a tropa com ordens pelo radiofone. O tenente Sanabria tomou a frente da perseguição com seus homens e, à medida que avançava, ia alertando o tenente Mojica por radiofone sobre as armadilhas do caminho: "Pilhas, irmão, pilhas com o tronco atravessado, que esses filhos-da-puta podem ter empilhado! Ali vão os filhos-da-puta, irmão, ali vão eles, tome cuidado porque se abriram para um abismo... Eles se atiraram pelo abismo, atiraram-se!" A tropa abriu fogo, mas a caçada frenética aos guerrilheiros terminou da mesma maneira como começou. A Companhia Abutre retornou à choça indígena, onde passou a noite, enquanto a Demolidor se deslocou para a cordilheira como tinham combinado. O soldado Sandoval recorda que o disparo do guerrilheiro foi o que permitiu que a tropa entrasse no local onde encontrariam o grande tesouro:

*Acabávamos de chegar ao local e íamos começar a fazer o almoço. Com certeza o homem vinha nos seguindo e depois se atracou com umas sentinelas, se enfrentaram com tiros, mas felizmente não pegou na sentinela e os demais saíram atrás dele. Depois saímos todos atrás dele, primeiro os da Companhia Abutre, e por indicação saímos depois, os da Demolidor, como se estivéssemos em uma caçada. Mas não, o homem sumiu não se sabe como, pois o tínhamos cercado, mas ele sumiu. Devido a isso foi que chegamos ao lugar onde encontramos os esconderijos com os objetos de higiene, os cremes, desodorantes e escovas de dentes. Nesse momento, não suspeitávamos que nessa zona houvesse um tesouro, nem nada importante, a única coisa que sabíamos era que estávamos indo atrás dos gringos seqüestrados; de resto, não sabíamos que íamos encontrar tanta grana e mais armamento, nada, não fazíamos idéia.*

Ali na montanha, nas primeiras horas da manhã, o tenente Mojica iniciou com seus homens um "plano", que consiste de patrulhas bem próximas da região onde foram atacados. A esquadra de oito homens da Demolidor, encarregada de tais registros, era comandada pelo soldado Damián Solano Suárez. Esta esquadra foi encarregada de rastrear uma das áreas mais inóspitas da selva de El Coreguaje e de preparar a iminente emboscada à guerrilha, que, com certeza, mantinha seqüestrados naquela região os três agentes antidrogas norte-americanos. Mas a descoberta de um campo minado em pleno ventre de El Coreguaje retardou o plano de ataque e fez com que toda a Companhia Demolidor concentrasse seus esforços em desativar as bombas enterradas. Nesse momento, o grupo antiexplosivos, desgastado, como os demais, pelo cansaço e pela fome, começou a reconhecer o terreno com faro de toupeiras a fim de detectar o tamanho do campo minado e o tipo de minas que os infestavam. Quando os soldados começaram a cercar a região, uma chuva de gotas pesadas e dispersas também começou a açoitar a vegetação e a molhar a terra até convertê-la num lodaçal difícil e perigoso, onde procurar uma mina antipessoal era como tentar encontrar uma agulha no palheiro. Entretanto, a esquadra antiexplosivos da Companhia Demolidor continuou avançando no terreno, em contato com o resto da tropa somente por um rádio Motorola, através do qual punham seu comandante, o tenente Mojica, a par dos cuidados extremos que as Farc tiveram e o tempo que lhes tomou minar um território de ninguém. Algo grande havia por trás daquele fortim, pensaram os soldados, que insistiam em atravessar engatinhando pelo campo minado. Primeiro encontraram uma depressão, que surgiu onde ninguém esperava e obrigou a esquadra a retroceder como caranguejos. Três membros da equipe decidiram sair do campo, extenuados e temerosos de ativar uma das bombas, já que o barro que os cobria e o frio da chuva entorpecera seus braços e pernas. Depois, próximo a um pequeno promontório, descobriram um canal de arrasto, utilizado pelos guerrilheiros para cercar a tropa itinerante extraviada na selva e criar emboscadas certeiras. Nesse momento, os homens da esquadra antiexplosivos puderam levantar as cabeças e, pouco a pouco, ficar em pé. Imóveis e incapazes de se manter por muito tempo sobre as próprias pernas, sob uma chuva de chumbo derretido, descobriram entre a vegetação algo que os deixou sem alento: "Meu tenente", falou pelo radiofone um dos soldados, "tenente Mojica, encontramos um acampamento guerrilheiro." Os soldados da Demolidor começaram a avançar com assobios, para não perderem o caminho livre de minas, até chegar ao complexo de barracas e tendas plásticas camufladas pela guerrilha entre a folhagem. Mas a única coisa que os homens encontraram foi uma bodega de alimentos para que toda uma companhia comesse à vontade durante cinco dias; nada mais. Os militares mais famintos se atiraram sobre os víveres como feras e encheram a barriga com o que puderam agarrar do tumulto de corpos, misturados num festim de refeição, chuva e lodo.

Assim recordou, meses depois, em seu interrogatório, o soldado Damián Solano Suárez, que comandou essa perigosa incursão na selva:

*A ordem dada pelo comandante do batalhão era de fazer registros e planos, instalar o pessoal a uma determinada distância dentro da área onde estava reunida a maior parte do pelotão para assegurar a tal área, digamos, para manter como um alarme antecipado caso houvesse um ataque da guerrilha. Continuamos com o registro e prosseguimos de acordo com a ordem de operações. Para mim, pessoalmente, e para minha esquadra, composta por oito soldados, que eram: soldado voluntário San Pedro Hernández Carlos, SLV. Suárez Amado Jairo, SLV. Rubio Sotelo Carlos, SLV. Soto Hortúa José, SLV: Sánchez Alexander Mauricio, SLV. Uribe Santander José Luis, SLV. Serna Javier Antonio, SLV. Rodríguez Geovanny Ernesto. Essa era a minha esquadra. Eu fui fazer a referida emboscada e nós encontramos um campo minado. E eu informei a localização aproximada do campo minado ao meu tenente, Mojica Calderón Ilich; por iniciativa minha, eu disse ao comandante da Companhia que havia um campo minado na direção contrária à localização da área de operações, possivelmente havia algo grande mais abaixo. E eu pensei isso por causa do sistema de ativação do campo minado, já que era grande, mais ou menos uns dez ou quinze metros dentro de um atalho, e o que a ativava era o ponteiro de uma mina de ativação por pressão. Localizamos aproximadamente de onde a onde ficava o campo minado, e eu disse ao comandante da companhia que queria avançar com todas as medidas de segurança uns metros mais abaixo, contornando o campo minado e saindo mais adiante para poder seguir o eixo de avanço. O comandante da Companhia me autorizou, dizendo que o fizesse, mas que eu visse a possibilidade de não ficar em desvantagem no terreno e que garantisse a comunicação entre nós e ele. Eu disse a ele que não havia nenhum problema. Ao atingirmos aproximadamente uns 25 minutos em deslocamento, sob as medidas de segurança pertinentes, seguimos, e, como já davam dez da manhã aproximadamente e estava chovendo, uns soldados queriam prosseguir e outros não, porque estava começando a chover e eu disse a eles vamos em frente. Íamos com armamento, durante 15 minutos os soldados iam bem. Depois disso, ficaram uns três soldados atrasados, afirmando que não iam porque estavam avançando muito, mas eu mantinha com meu tenente comunicação radial com rádio Motorola Comercial, eu seguia normal. Teve um momento em que chegamos a um lugar onde havia uma depressão grande, no qual eu disse "chegamos até aqui", registraríamos e voltaríamos. A seguir mandei meus homens registrarem a área em grupinhos de dois não muito distantes, mas sem atravessar uma depressão que se encontrava do lado direito, uma depressão grande. A mim causou curiosidade essa depressão e sua localização e posteriormente eu passei a depressão, porque muitos caminhos saem dali, e segui um deles passando pela depressão. Subi em um pequeno patamar ou colina pequena e fiquei imóvel por uns dois minutos, mas não se via nada, no fundo via-se um cilindro e outras coisas. Ansiosamente chamei os soldados, assobiei e eles seguiram e começaram a avançar. Chegamos ao acampamento e fui encontrando as cabanas, baterias para rádio. As cabaninhas eram feitas de plástico, madeira; nesse momento parei no centro do acampamento, porque ele era grande. Depois que os meus homens registraram o perímetro, informei imediatamente o comandante da Companhia de tal descoberta. Ele me disse que tivesse cuidado e me fez as recomendações. Comecei a andar por cada lugar até que um soldado me disse que em uma das partes altas do acampamento havia umas choças de madeira exatamente iguais, havia duas. O soldado Giraldo Bonilla Franklin me disse que tinham encontrado mantimentos e avisei o comandante da Companhia para que mandasse mais pessoal e que mandasse com equipamentos de assalto para recolhê-los.*

O comandante do BCG-50, o major Vallejo Loaiza, ordenou ao tenente Sanabria da Abutre que regressasse para apoiar a Demolidor porque esta companhia estava sem equipamentos. Foi assim que, enquanto os soldados da Demolidor tratavam de desativar o acampamento minado, os homens da Abutre empreenderam o retorno e se mantiveram a uns oitocentos metros de distância, dando cobertura enquanto essa tropa saía do acampamento abandonado. Entretanto, um novo grupo antiexplosivos, desta vez comandado pelo sargento Jorge Eliécer Fuentes Carvajal, aventurou-se dentro do campo minado para desativá-lo, pois os comandantes suspeitavam — pela descoberta de dezenas de cartuchos de 5.56 milímetros espalhados pela área — que as minas enterradas protegiam uma imensa cova com munição e armamento. O soldado Alexander Mauricio

Sánchez, membro da esquadra da Demolidor encarregada dos registros na área, deu o alerta à tropa: debaixo de uns troncos havia uma imensa cova com fuzis AK-47. A poucos metros da descoberta, o sargento Fuentes, colado ao radiofone, informava cada movimento da sua operação de desativação ao tenente Mojica. "Esta já está fora, meu tenente, este campo é sensível, tenente... agora vou para a outra." O tenente Mojica, comandante da Companhia Demolidor, mantinha-se tenso e grudado no Motorola, enquanto seguia com as expressões do rosto os distantes movimentos de cirurgião do soldado. A explosão controlada das primeiras minas era a única prova de vida civilizada naquela selva. "Agora vou para a outra, meu tenente, o foda é o barro que não me deixa manobrar." Então foi ouvida a última explosão e um longo silêncio: o sargento Fuentes não voltou a informar. O soldado Alexander Mauricio Sánchez, que se manteve imóvel a poucos metros, correu para o radiofone do sargento Fuentes e comunicou ao tenente Mojica que uma mina "antipessoal" tinha destroçado a perna do soldado antiexplosivos. De imediato, um grupo de uniformizados penetrou o campo sem medir riscos, para salvar a vida do sargento Fuentes, que gritava agarrado à perna, enquanto o sangue aos jorros ia lhe cobrindo de lodo e dor. O soldado foi erguido do barro e levado até a clareira que um dos homens, com motosserra, tinha desobstruído de troncos e árvores para improvisar um heliporto. A aeronave chegou em vinte minutos, recolheu o material encontrado no esconderijo e levou o sargento Fuentes para o Batalhão Cazadores em San Vicente Del Caguán. A tropa cobriu a retirada do helicóptero e somente entrou de novo na selva de El Coreguaje quando o ruidoso golpe das pás do aparelho desapareceu na distância. Essa foi a noite em que o soldado Wilson Alexander Sandoval Guzmán não conseguiu dormir, pensando na sua descoberta, poucas horas antes, de 350 milhões de pesos, tomado pelo delírio de ser milionário em meio a tanta miséria, longe da sua família e com a esperança remota de sair com vida do combate para gastar o que nunca teria conseguido ganhar, nem se vivesse duas vidas de trapaceiro. "Amanhã será outro dia", sussurrou com a simplicidade dos velhos e tornou a fechar os olhos, pensando se àquela hora o sargento Fuentes já não teria uma perna. Dois episódios trágicos marcam a vida dos soldados em combate: quando um companheiro de tropa é assassinado ou ferido. Wilson Alexander Sandoval sabe o que é isso:

*Ele e outros companheiros estavam desativando um campo minado, com uma tremenda carga, capaz de desaparecer totalmente com trinta pessoas. Eu estava longe dali, acantonado com o resto da tropa, eles estavam desativando o campo, comunicando-se por rádio com o meu tenente, quando em uma dessas não se comunicaram mais e ouvimos o estalido e descemos e encontramos o sargento ferido. Nesse momento pensamos que tanta segurança para uma zona era porque algo grande estava sendo guardado ali. Podia ser os gringos seqüestrados, por isso, o descobrimento do campo minado nos deixou ligados, vivendo alertas porque sabíamos que algo importante estava sendo protegido com essa fortaleza.*

## 9 DE ABRIL

Nessa quarta-feira, a Companhia Abutre, cujos homens tinham se movimentado ao redor da Demolidor para cobrir a retirada, completava dois dias sem provar uma comida. Os que puderam quebrar o jejum encheram o estômago com água de poças formadas pela chuva no solo, ou recolhida de forma natural por imensos cartuchos empenados, uma curiosa espécie de planta que abre suas folhas como se fossem grandes mãos com as palmas estendidas. O tenente Jorge Sanabria, comandante da Companhia Abutre, manteve o seu sargento, Diego Fernando Racines Plaza, desde muito cedo fazendo registros contínuos em um perímetro de 600 metros. Foi assim que o grupo encontrou um esconderijo com armamento. "Espere, Racines, não se mova daí porque pode ser uma mina *cazabobos*", ordenou o tenente Sanabria. O comandante da Companhia chegou imediatamente ao local e pôde verificar que o esconderijo continha fuzis em mau estado, radiofones, pólvora, estopins para bombas, granadas de fuzil, peças de reposição para armas, documentos e uniformes camuflados. O tenente Sanabria colocou o major Vallejo a par da descoberta. Ambos compreenderam que estavam diante de um dos maiores depósitos de armas guerrilheiras descobertos nos últimos anos. "Sanabria", soou a voz do major Vallejo no radiofone, "o que vocês acabam de encontrar coloca os homens em um grande risco. Fiquem uns dias ali, enquanto tem início a evacuação do material encontrado, mas, ouça bem, vocês devem sair da zona o quanto antes." O comandante da Abutre começou então a mobilizar a tropa, mas muitos soldados, que padeciam de infecções e diarréias pela água não potável e pelas picadas de mosquitos, começaram a desobedecer as suas ordens. Alguns tinham lhe pedido a transferência imediata daquela zona dias atrás, com argumentos testemunhais tão irrefutáveis — como abrir jaqueta para mostrar as infecções no peito ou mostrar as marcas da fome sobre as costelas —, que o tenente Sanabria não teve mais remédio a não ser chamar o comandante do BCG-50 para evacuar os homens doentes. "Meu major, esta tropa está muito abatida, o clima os está matando, solicito a evacuação do pessoal afetado." "Essa coisa é passageira, tenente, o helicóptero vai com suprimentos e pegará o material dos esconderijos. Nada mais, entendeu?" "Como ordenar, meu major." Em uma das patrulhas que dirigiu pessoalmente junto com seus homens de confiança, que o chamavam de "Dom Alejandro", o tenente Jorge Sanabria descobriu, perto da cozinha improvisada pelos rancheiros do turno, umas varas cravadas na terra, que hasteavam na ponta as cabeças diminutas de micos silvestres, como se fosse de um ritual canibal de tribos receptoras de cabeças. A imagem sinistra das empalações horrorizou-o, mas mesmo assim continuou avançando entre as varas, que se estendiam até o fundo da cozinha onde quatro soldados, sem camisa e banhados de suor, mexiam a duas mãos o conteúdo de umas panelas dentro das quais flutuavam os corpos esfolados de vários micos. "O que é esta porra?", perguntou o tenente Sanabria. "Micos, meu tenente, não vê? É melhor que comer merda", respondeu um dos soldados sem levantar o olhar do fundo. Nos dias que se seguiram, a tropa só comeu arroz e micos afervertados que caíam das árvores a tiros de fuzil. Wilson Alexander Sandoval foi um dos soldados que preferiram comer os micos a continuar passando fome à espera dos suprimentos:

*Tinha vezes que ficávamos até dez dias esperando os mantimentos atrasados, então dava na cabeça de alguém a idéia de caçar os micos, muitas vezes chegamos não tínhamos mais nada que comer a não ser arroz... e matávamos a chumbo os micos que atravessavam por aí e nós os comíamos porque não havia mais nada. A coisa era fácil porque muitos micos passavam por aí no nosso nariz e os que davam moleza, tome um golpe e chão! Olhe: uma pessoa com fome nem liga de saber que a carne é de mico. Tinha vários companheiros que preferiam agüentar a fome porque resis-*

tiam a comer carne de mico, porque ela tinha doenças ou porque os corpos dos animais lembravam corpinhos de crianças recém-nascidas. A verdade é que a carne desse animal é como a de gente, sempre dá um pouquinho de nojo, mas uma pessoa com fome, o que faz: come! Para tirar o sabor característico que ela tem, nós fervíamos os micos e depois fritávamos, e com arroz, pronto! Na verdade não podemos culpar o Estado por esse sufoco de fome porque a área em que estávamos é muito crítica e não tínhamos como colocar a comida nem por terra, nem por ar, porque um helicóptero não podia aterrissar nesse pedaço. De certa maneira, sentíamos o abandono, sim, porque queríamos que a comida que mandavam fosse mais abundante e um pouquinho melhor, mas não, sempre chegava a mesma coisa, e na verdade quem está num batalhão comendo bem nunca pensa que é fácil, isso é ruim porque a gente tem que se contentar com o que chega. E, na verdade, qualquer comida é pouca com tudo que temos de sofrer por lá: se alguém vai fazer a guarda, tem que se levantar às quatro da manhã para entregar o turno às seis; o mesmo para a água: toca descer pelos pelotões até o rio, uma viagenzinha pode durar duas horas, uma de ida e outra de volta. Eu chegava no rio, recolhia a água numa vasilha, me lavava e subia outra vez, com muito cuidado e medo ao mesmo tempo, porque se está longe da tropa, e lá a gente vai se escoltando; mas se alguém surge por trás, a corrida é grande ou acabam com a pessoa ali mesmo. Por isso a desconfiança está presente o tempo todo na selva. Mas o que mais desespera uma pessoa é a fome, a fome muda o seu temperamento e a deixa irritadiça.

De tarde, um dos pelotões destacados nas patrulhas de cerco descobriu outros dois esconderijos: o primeiro continha duas botijas de cinco galões com munição 5.56 milímetros, e o segundo escondia uniformes de polícia, boinas velhas, roupa íntima e fotografias de camaradas e familiares. Com outra descoberta nas mãos, o major Vallejo deu a ordem para que a Companhia Abutre ultrapassasse a Demolidor, que tinha ficado ancorada depois de desativar o campo minado, e tomasse a parte alta da montanha, em direção ao sudoeste, onde daria apoio ao Bacna, um batalhão destacado na região para lutar contra o narcotráfico. Nessa colina, as companhias Abutre e Brasil se encontraram e iniciaram operações de rotação de pessoal, o que inclui a adaptação de heliportos para receber apoios e mantimentos. O tenente Sanabria recebeu o operador de motosserra, seu ajudante e um cabo da Citem (Central de Inteligência Técnica), que foram apelidados de "as orelhas" por serem os que ouvem todas as comunicações da tropa por radiofone. Os novos militares chegaram com a cara feliz dos homens bem alimentados e de roupa nova. Ao lado deles, a tropa dizimada pela intempérie e pela fome parecia a embaixada de um mundo bestial.

Mais abaixo, no território dominado pela Companhia Demolidor, o soldado Wilson Alexander Sandoval Guzmán tinha tido um dia cheio de tensões. Ele achava que o resto dos 350 milhões de pesos encontrados continuava no lugar onde os enterrara, mas o movimento de tropas e as operações de vigilância e registro não lhe deram tempo para dar uma olhada no seu tesouro, enterrado bem perto dos dormitórios. Fingiu várias vezes um problema estomacal e ficou agachado sobre a sua fortuna para tocar as botijas com os dedos, mas foi inútil, pois a presença de um companheiro ou uma ordem sempre o impediam. À tarde, disse a seus dois amigos, os soldados Zapata e Vargas, a quem tinha presenteado com parte do dinheiro, que precisavam se encontrar a uns cem metros atrás dos dormitórios para resgatarem o resto do dinheiro enterrado. Os soldados concordaram com um sorriso de orelha a orelha. Estavam nesse ponto quando o cabo Damián Solano Suárez, da Companhia Demolidor, que estava limpando a arma recostado a uma árvore, ao ver os movimentos nervosos de Wilson Alexander Sandoval, decidiu segui-lo. Wilson Alexander Sandoval entrou no seu barraco, tirou seu equipamento de assalto do embornal e saiu por um atalho, onde o cabo o alcançou. "O que foi, soldado?", gritou o suboficial. O soldado Sandoval se deteve bruscamente e meneou a cabeça, nervoso. Olhou de um lado para o outro e, baixando a voz, disse: "quieto, meu cabo, venha que eu lhe mostro". Dessa vez o surpreendido foi o cabo, que se pôs a andar atalho abaixo atrás do homem. No meio do caminho, Wilson Alexander Sandoval sacou um maço de notas de vinte mil pesos, que pôs na cara do seu superior: "olha, meu cabo, notas, notas, e tem mais ali embaixo!" O cabo tropeçou, agarrando o maço: "então era por isso todo o mistério". O soldado calou-se um segundo e continuou: "se quiser ver mais, me acompanhe, meu cabo." Ao chegar ao esconderijo onde estavam enterrados os 350 milhões de pesos, os dois homens encontraram mais três soldados rodeando a fossa com um sorriso permanente nos rostos. Eram Vargas, Zapata e Alexander Sánchez, com cara de mortos de fome, mas satisfeitos de serem os proprietários de uma imensa fortuna. Um deles sorriu para o cabo Solano que chegava: "Meu cabo, é um milagre, é um milagre!" Cada homem tinha um bloco de notas de cem milhões de pesos escondido no embornal. Cuspiam e limpavam os braços cobertos de barro com satisfação, enquanto o cabo sentia que o dinheiro mudara a feição daqueles homens, imprimindo um tom de insolência às suas palavras. Riam sem motivo aparente, enquanto amarravam as mochilas se entreolhando. O cabo, em silêncio, ouvia-os falar.

— O que houve, irmão, ande logo com essa merda, embrulhe bem porque isso nos custou a noite — disse o soldado Wilson Alexander Sandoval aos companheiros.

— Espere, irmão, vou embrulhar bem esta graninha, não tenho pressa — acrescentou o soldado Vargas.

— Quem muito agarra pouco apanha — Wilson Alexander Sandoval completou às gargalhadas.

— Além disso — interveio o soldado Zapata —, tem que empacotar bem esta gaita ou nos tiram ou roubam, e aí sim vamos esquecer a casinha para a velha e essas coisas...

— O que você está dizendo, que vão me tirar isto? Vão ter que me matar antes que eu entregue esta grana.

— Olhem, manos: este dinheiro nos pertence — disse o soldado Sandoval. — Estava enterrado aqui e nós o encontramos, não era de ninguém...

— Espera um pouco aí, mano — interrompeu o soldado Vargas —, este dinheiro tinha dono sim, e era o Mono Jojoy. Se estamos roubando alguém, é esse cabra, não o Exército, nem o Estado, está entendendo?

O soldado Sandoval voltou a cuspir com mais força e, olhando os companheiros que estavam a ponto de carregar os embornais, disse:

— Então passamos a perna no filho-da-puta do Jojoy. Isso vai doer, mas é para ele deixar de ser tão odioso.

— Não — arrematou o soldado Zapata. — Esse cara não é um canalha, nem odioso, nem um filho-da-puta. Esse cara é um bacana: olhem a grana que ele nos deixou!

O soldado Sandoval, detido numa guarnição militar em Bogotá, recorda, meses depois, que a descoberta dos primeiros esconderijos com material de intendência das Farc foram levando pouco a pouco ao descobrimento dos tesouros enterrados:

> *Eu participei do descobrimento de uma toca que continha cassetetes e uniformes da polícia, esse material estava enterrado também, e então estávamos procurando com pás e facões, quando — tum! — achamos. Havia pouco, outros soldados encontraram esconderijos com objetos de higiene e lanternas, e depois havia mais possibilidades de que houvesse outras coisas ali. Por isso continuamos fazendo registros dia e noite, muito perto de onde estávamos acampando... mas esses registros eram sérios: com paus e facões, porque não se pode fazer isso só olhando, porque alguém passa por cima e não vê nada, nem sente nada. Toca a deitar no chão e depois, ao cavar, a gente já encontra. Para mim, ter encontrado o tesouro é uma bênção porque esse dinheiro não é de ninguém, esse dinheiro estava enterrado ali... Imagine, nós o encontramos na Semana Santa, isso é que é tesouro! Não tiramos nada de ninguém, nem fizemos mal a ninguém. Essa oportunidade, esse tesouro, não surge para qualquer um. É por isso que eu repito: encontrar um dinheiro desse numa Semana Santa, isso é que é tesouro! Estou muito agradecido a Deus por esse dinheiro. Nós da Companhia Demolidor íamos sempre colados aos da Abutre, ou seja, juntos mas não misturados, mas sempre no mesmo eixo de avanço... Não sei se é porque não agradávamos ao meu major Vallejo, comandante do batalhão, que sempre nos mandavam longe... é como dizemos aqui: "nos deixavam soltos", mas então iam nos colocando na ponta. O homem de quem estou falando, meu major Vallejo, sempre que nos feríamos, nos tratava aos*

*trancos, nunca direito, sempre nos insultava como à pior das criaturas. Como eles estavam no batalhão, nós que nos defendêssemos como pudéssemos, mas não, tem coisas que alguém pode fazer pelos outros. Mas olha, você pode não acreditar, mas para nós foi melhor a descoberta do esconderijo com as pastas de dentes e os desodorantes do que a dos fuzis e munição, pra não falar dos tesouros enterrados. Um sabonete num lugar desses é um prêmio, senão não tem banho — sim ou não? — o sabão serve para nos assearmos, mas uma nota para que serve? Não serve para nada.*

O cabo Damián Solano Suárez rodeou o esconderijo e viu que os homens tinham voltado a pôr na fossa os baldes azuis vazios e seu forro. Olhou-os de soslaio e, temendo intranqüilizá-los com a pergunta, pois sabia que muitos destes homens com antecedentes disciplinares não vacilariam em se livrar de quem se opusesse a seus propósitos, aventurou-se:

— Ehh... e como vocês encontraram esse dinheiro, caras?

— Ontem, meu cabo, pouquinho tempo depois que o meu sargento Fontes perdeu a perna com a mina, — respondeu Wilson Alexander Sandoval —, eu fui cagar aqui pertinho e...

— ... E que cagadinha, meu cabo — interrompeu o soldado Vargas. — Minha mãe diz que o dinheiro é a merda do diabo. Deve ser porque não conhece o meu chapa Sandoval. — Meu cabo! —

o soldado Zapata ergueu a voz, pegando um pacote de cem milhões de pesos —, leve este tantinho para que você se aposente e deixe de pensar tanta besteira, ou você é dos que acham que somos ladrões?

— Não, não — arrematou imediatamente o cabo Solano pegando o fardo nos braços —, claro que não somos ladrões.

— Mas este dinheiro não é nada, meu cabo — concluiu Alexander Sánchez —, dinheiro mesmo foi o que os soldados Sampedro e Rodríguez encontraram. Esses caras sim encheram a mão nas botijas, que eram mais gordinhas que esta.

O soldado Alexander Sánchez falava de um grande esconderijo com dinheiro colombiano, encontrado no dia anterior por três homens da Companhia Demolidor, Carlos Sampedro Hernández, Jaime Fernando Rodríguez Roço e Néstor Yadit Pajoi Pobre, minutos depois que a terceira mina que o sargento Jorge Eliécer Fontes Carvajal tentava desativar explodiu arrancando-lhe parte de uma perna. Logo depois da evacuação do sargento ferido, os soldados Sampedro e Rodríguez penetraram no campo minado e descobriram que uma das minas desativadas com a explosão controlada pelo sargento Fontes tinha deixado suspensos no ar uns papeizinhos leves que foram caindo lentamente entre a folhagem como confete de carnaval. Os homens aproximaram-se atraídos e estenderam as palmas até que dezenas de papéis pousaram como flocos de neve em suas mãos. Juntaram os papeizinhos, entreolharam-se e desataram a rir ao descobrir que estavam sob uma chuva de dinheiro. O soldado Néstor Yadit Pajoi Pobre, que ouviu as risadas e chegou à paragem onde se encontravam os dois soldados — deitados, escavando com as mãos entre o barro —, perguntou-lhes: "o que foi, caras, outra cova de sabonetes?" Sampedro voltou a olhá-lo, enquanto terminava de destampar uma das vasilhas avariadas pela explosão: "não seja maricas, Pajoi, e venha nos ajudar a pegar este dinheiro!" O soldado saltou no buraco, desembainhou o facão e começou a cavar desesperado, enquanto sussurrava algumas palavras desencontradas: "pobreza, maldita pobreza, agora sim essa pobreza toda vai à merda." Sampedro e Rodríguez conseguiram tirar as primeiras vasilhas e sem nenhum medo das *cazabobos* destamparam de um só golpe quatro recipientes repletos de notas colombianas. Uma folha tamanho ofício desprendida de uma das tampas caiu: "Quantidade: 700 milhões de pesos. Notas, moeda nacional." Quando terminaram de esvaziar o ventre da terra como açougueiros, os homens tinham ao seu redor uma montanha de notas impossível de esconder e muitas perguntas que começaram a fazer uns aos outros, com mais medo que audácia, mas com uma determinação inapelável: "não vamos deixar que ninguém tire este dinheiro da gente", insistia o soldado Sampedro, "nem vamos compartilhar com mais ninguém, entendido?" Pajoi Pobre disse: "o que você disser, meu chapa, mas como vamos levar todo este dinheiro?" Sampedro esvaziou o embornal e começou a guardar sua parte sem articular uma palavra. Os outros soldados vieram e começaram a fazer o mesmo."Só uma coisa, amigos", concluiu Sampedro, "vamos juntar uma parte de cada um para mandar ao sargento Fontes, que fodeu uma perna para que nós sejamos milionários. "Todos moveram a cabeça em um unânime sim, enterraram a parte restante do tesouro e fizeram um mapa de piratas sob o pacto de voltar algum dia ao mesmo local a fim de desenterrar a outra parte do botim. Horas mais tarde, porém, quando se encontrava na enfermaria, o soldado Jaime Fernando Rodríguez Rozo rompeu o pacto de silêncio feito com seus companheiros aos pés do esconderijo e, ao pedir ao enfermeiro de turno uma injeção para a febre, soltou tudo o que sabia como se fosse a única maneira de comprovar que o ocorrido tinha sido verdade.O enfermeiro, o soldado Jaime Juan Vásquez, só pôde acreditar no conto fantástico da fortuna enterrada, quando Rodríguez Rozo contou diante dos seus olhos trinta notas de vinte mil pesos e as deu de presente com uma ironia que marcaria nas semanas seguintes o destino dos 147 soldados na selva do Coreguaje: "aqui tem 600 mil pesos pela injeção, cara, e fique tranqüilo, fique com o troco." Durante a noite, o enfermeiro recebeu outro pacote de notas de um soldado que nunca tinha visto na vida, quando foi à barraca dele aplicar uma injeção para deter uma diarréia. No dia seguinte lhe aconteceu algo parecido, quando baixou com os suprimentos médicos trazidos pelo helicóptero e um soldado, ao passar, avisou-o que atrás da enfermaria tinha à sua espera um saco para comprar seu silêncio sobre o boato da descoberta de dinheiro, que corria de boca em boca entre a tropa, com o mesmo sigilo das ordens que são distribuídas depois das seis da tarde.

O soldado Fredy Alexander Rojas, detido num cárcere militar há três meses e meio, não se cansa de repetir que para ele, considerado o "patinho feio", como ele mesmo costuma se chamar, sua companhia nunca contou sobre a descoberta dos tesouros enterrados, e que só se limitou a lhe dar o dinheiro que sobrou das partilhas:

*Quando eu peguei o dinheiro, olhava e contava e olhava e voltava a contar porque não conseguia acreditar, nunca pensei que alguém enterrasse dinheiro no chão, e mais ainda em um monte onde não se via sol, não entrava sol porque as árvores menores eram de 12 e 13 metros, e então eu dizia: "como alguém foi enterrar esta coisa aqui"... e então, quando eu peguei o meu, pensei que era suficiente, que com isso conseguia sair do exército. Você sabe, os problemas dos pobres que não temos uma casa fixa, nenhuma estabilidade econômica e mais que tudo eu não peguei esse dinheiro por mim, mas sim pela minha família, para tirar minha mamãe dessa casa onde está pagando aluguel para levá-la para uma casa própria e montar um negócio, que o que eu tinha dava para isso... ou seja, trinta milhões de pesos, mais ou menos. Os que descobriram me deram esse dinheiro por puro medo, porque eles temiam que quem não tivesse dinheiro os delatasse depois aos superiores ou os roubasse. Certamente eles disseram: "demos para as pessoas para que calem o bico." Assim foi que eu estava na minha barraca, você sabe que lá a gente dorme sozinho, e então me disseram: "Olha, ali tem uma bolsa com dinheiro para você, vá pegá-la. "Eu fui e era verdade: abri a bolsa e era dinheiro, e por mais burro que eu fosse não ia deixar ali. Depois perguntei o que era aquilo, se tinham encontrado dinheiro ou o quê e me disseram que não sabiam, que ficasse na minha. O mistério do dinheiro não me deu medo, o que eu tinha era alegria, porque estava realizando o primeiro sonho que tinha há muito tempo, e era o de sair do exército. Eu entrei na milícia para ir para frente e vi que aqui a gente vai para trás. Por isso quando vi o dinheiro disse: "este é o empurrão para eu sair das fileiras, mas sem as mãos vazias." Mesmo que você não acredite, eu não tive essa cobiça pelo dinheiro, quando vi o que tinha, pensei, isso é suficiente, por isso não participei das operações que foram armadas por debaixo do pano para continuar procurando mais tesouros enterrados. Pode-se dizer que eu estava satisfeito com o que tinha, por isso com toda a tranqüilidade catei as notas, embrulhei num saco e o deixei no embornal com o equipamento e me fiz esta pergunta para deixar de cismas: "se todos têm mais que eu, por que iriam me roubar este resto?" E assim continuei com meus afazeres normais. A verdade é que a febre do pessoal por encontrar mais tesouros enterrados começou quando encontramos as botijas com os produtos de higiene, isso despertou em todo mundo a curiosidade de procurar, procurar, procurar... e no setor onde estávamos dormindo começamos a farejar e daí sim encontraram uniformes e isso. Durante o deslocamento pela selva do Coreguaje, eu tinha medo que caíssemos em um campo minado, porque ninguém gostaria de se ver sem uma perna ou não poder andar, mas eu sabia, e não é para dar uma de valente, que esse era*

O TESOURO

*o meu destino, mas talvez a confiança em nós mesmos e no grupo tenha sido o que evitou que caíssemos em um desses campos minados da Teófilo Forero. Na verdade eu nunca achei que a gente chegaria a encontrar mais tesouros enterrados nessa selva com um só caminho, por isso creio que tivemos muita sorte em encontrar esse dinheiro. E mais, com isto lhe digo tudo. Nós íamos para outro lado, mas o que nos fez ir direto aos tesouros enterrados foram os disparos que ouvimos, daí fomos para lá e quando chegamos descobrimos por que esse lugar era tão especial: as botijas enterradas com dinheiro.*

## 10 DE ABRIL

O descobrimento de outro esconderijo, desta vez cheio de dólares, jogou por terra e para sempre a prudência da Companhia Demolidor, acantonada perto da ribeira do rio Pato. Os dólares convenceram os mais céticos de que sob a terra que pisavam havia um grande tesouro guerrilheiro em dinheiro com o qual eles poderiam comprar esta vida e a outra. O rumor converteu-se em fato quando, das bolsas, embornais e alforjes dos soldados, começaram a surgir punhados de dólares, como se fosse uma nova epidemia. Pelo movimento da tropa sobre um terreno que se estreita e dilata à medida que as patrulhas avançam, era impossível estabelecer em que rincão da selva ou sob que árvore um soldado ou vários cavavam sua própria fossa em busca da fortuna. O certo era que desde muito cedo começava uma agitação de loucos e ouvia-se o metal penetrando a terra ou o facão abrindo atalhos, tudo em meio à tensão do combate próximo, que não deixava de ocorrer, e o mudar de um lugar para outro de homens doentes e comunicações radiotelefônicas de comandantes que pareciam não estar inteirados de nada, mas preocupados com tudo. Acima, na colina dominada pela Companhia Abutre, até esse momento era desconhecida a agitação de desenterradores dos homens da Demolidor. Mas o rumor de que algo estranho estava acontecendo na planície dominada pela Demolidor chegou com o passar dos dias, quando foi impossível conter toda uma tropa andando solta pela selva, sonhando com os bolsos cheios e com o mundo que comprariam quando a guerra acabasse. O dinheiro repentino tornou a tropa intolerante aos achaques e afãs por sair da área, onde estavam fartos de passar fome e padecer os rigores do clima. Agora que muitos se acreditavam milionários era mais difícil se resignar à miséria da guerra, com tanto dinheiro nos bolsos. Essa foi a razão que levou muitos homens da Companhia Demolidor a pedir baixa a seu superior, o tenente Ilich Fernando Mojica Calderón, para quem, em um dia, adoeciam de uma vez entre cinco e dez homens pelas mesmas causas: paludismo.

Quando um soldado saudável encontrava sua botija de dinheiro, ou recebia a "liga", quer dizer, uma parte de outra botija que seus companheiros desenterravam, ele começava a adoecer de febre ou vômitos repentinos e a pedir ao tenente Mojica a retirada imediata da área com as súplicas mais lastimosas. "Isso é coisa passageira, Mojica, diga a seus homens que eles parecem maricas, que agüentem porque a operação só termina quando resgatarmos os gringos", era a resposta do major Julián Ramón Vallejo Loaiza, comandante do BCG-50, quando o comandante da Companhia Demolidor pedia a baixa de vários soldados doentes. Como o confinamento na selva era muito mais duro agora que quase todos eram milionários, eles começaram a considerar os telefones celulares como a única forma possível de liberdade; por isso, quem conseguia que uma chamada comprada no mercado negro saísse dessas matas cerradas e por curtos segundos ouvisse a voz de seus entes queridos, estava a salvo da resignação e da tristeza. Muitos soldados subiam como macacos nas árvores mais altas para obter o melhor sinal que a zona permitia, pegavam seus telefones, marcavam o número e começavam a se mover de um lado para o outro numa espécie de ritual em que mais pareciam estar executando um sistema rústico de comunicação indígena do que tentando fazer contato telefônico. A esposa do soldado Luger Díaz, que preferiu manter seu nome em sigilo por segurança, recordou uma tarde em que foi visitá-lo no cárcere militar de Melgar, Tolima, como eram aquelas ligações heróicas: "a última vez que ele falou comigo de El Caguán, disse-me que para poder ligar tinha subido num pau muito alto e que se não se agarrasse bem podia cair e morrer". Eu falava: "não estou ouvindo bem", e ele ficava com raiva porque era muito esforço para ouvir pouquinhas palavras, e repetia: "a comunicação é muito ruim e se estou ligando é para dizer que estou bem e que vamos ficar melhor". "Na verdade, eu o achei muito aborrecido, mas confiante de que tudo ia mudar." Outros, os mais pacientes, escreviam longas cartas a suas esposas para contar, numa linguagem cifrada, que a fortuna havia batido às suas portas e que, se todo esse assunto irritante dos gringos acabasse bem, muito em breve estariam em casa felizes tornando os sonhos realidade. As missivas eram enviadas com os suboficiais, que regressavam nos helicópteros para o aeroporto de San Vicente del Caguán, para que outros caras no Batalhão Cazadores as recebessem e fizessem chegar no seu destino final. Entretanto, muito poucas cartas conseguiram sair da selva. Embora cada vez que um grupo de soldados jurasse em pé junto à fossa de dinheiro desenterrado que teriam de matá-los para arrancar o segredo daquela fortuna, todos os dias, nas ribeiras do rio Pato, um novo rumor sobre outro esconderijo encontrado ou dinheiro dividido vinha a se somar à lenda de que a Companhia Demolidor era talvez o grupo de militares em combate mais rico do mundo. O certo é que, em que pese o mistério que reinou nessa parte da selva, as vasilhas azuis saíram de seus buracos com tal rapidez e sigilo, que para os investigadores que fizeram os interrogatórios dos soldados capturados ou rendidos não foi nada fácil deduzir, entre mais de cem versões diferentes sobre um mesmo fato, uma história fiel sobre o que na realidade se passou, nem muito menos estabelecer quantos milhões de dólares a tropa desenterrou naquela semana alucinante.

"Tem algo estranho acontecendo aqui embaixo", pensou o cabo Yovany Lizarazo Valderrama, na tarde do dia em que desceu da colina onde sua Companhia

Abutre exerce o domínio, e na sua condição de aguadeiro chegou até as margens do rio Pato para recolher água. O suboficial ficou perplexo contemplando uma vasilha azul que descia flutuando pelo rio, mas teria deixado o assunto de lado se em sua segunda viagem da tarde não tivesse visto outras três vasilhas bem juntas, que deram um giro diante de seus olhos e logo deslizaram por entre vários redemoinhos. "Tem algo estranho acontecendo aqui embaixo", tornou a dizer. Outros soldados que se aventuraram a pegar as vasilhas flutuantes do rio descobriram dentro delas os sacos negros e de borracha com bandas de papel de antigos maços, nos quais ainda luziam inscrições com a quantidade de dinheiro e o tipo de moeda. A notícia sobre as vasilhas afogadas chegou à colina e multiplicou-se com uma mórbida rapidez. "A Companhia Demolidor está endinheirada", afirmavam em segredo os homens da tropa Abutre, "e esses filhos-da-puta não querem nos dar nada." Não poucos soldados Abutre que deviam realizar patrulhas no sopé da colina avançavam até a primeira linha da Demolidor com o fim de desvendar o mistério que cercava os ímpetos dessa Companhia que dominava o rio. Alguns da Abutre, impacientes para saber a verdade, chegaram a ameaçar soldados Demolidor e, embora a solução de uma divisão maior tenha acontecido com o passar dos dias, era um fato que o segredo tinha ultrapassado os limites da Companhia Demolidor, indo rio abaixo, em forma de vasilhas, até os domínios dos homens da Abutre, que resistiam a ficar sem parte do butim. Um dos espiões que desceu a colina disposto a averiguar de uma vez por todas a verdade sobre as vasilhas flutuantes, internou-se numa cordilheira da Companhia Demolidor, onde o soldado Wilson Alexander Sandoval contava a seu companheiro, Ortiz Muñoz, da sua descoberta de dois dias atrás. Sandoval descobriu o espião da Abutre e, pegando-o pelo pescoço contra uma árvore, sussurrou afogado em sua ira: "olha, irmãozinho, se você contar sobre o dinheiro que encontramos, juro por Deus que acabo com você." Mas na volta à Abutre, o soldado ameaçado, Jair Chimbaco Vargas, contou tudo a seus amigos e completou sua ousadia com outra sentença: "então, teremos que acabar com todos se não recebermos cada um a nossa parte." Daí em diante criou-se uma rivalidade de inimigos irreconciliáveis entre ambas as companhias, a ponto de muitos empreenderem todos os seus esforços a se vigiar mutuamente em vez de combater o verdadeiro oponente: a guerrilha.

## 11 DE ABRIL

A guerra entre ambas as companhias estava declarada. As ameaças entre os Abutre e os Demolidor chegavam ao ponto de dizerem que numa selva daquela poderia ocorrer qualquer coisa, até um inesperado ataque guerrilheiro, e que era melhor que confessassem onde estava o resto dos esconderijos pois se o dinheiro não fosse de todos, não seria de ninguém. Várias versões garantem que foi o próprio tenente Ilich Fernando Mojica Calderón, comandante da Companhia Demolidor, quem destacou dois soldados, Geovany Rodríguez e Franklin Giraldo, para revirarem a selva em busca de mais esconderijos com o propósito de atirá-los às garras da Companhia Abutre, ávida pelo butim. Estes dois suboficiais rastrearam com tato de toupeiras o terreno minado, onde sabiam que ficava a maioria dos esconderijos, e levaram várias horas no primeiro reconhecimento e outras duas para achar a primeira cova com três vasilhas, desta vez de cor amarela. Ao destampar as novas vasilhas, os soldados compreenderam a diferença entre a recente cor amarela encontrada e a habitual cor azul dos recipientes dos dias anteriores: as canecas amarelas continham maços de notas de cem dólares. Os homens avisaram o comandante e este chegou ao lugar em três tempos, plantou-se diante da fossa e, mudo de estupefação, ordenou que as carregassem. Um soldado que chegou ao local atraído pela atitude solene de seus companheiros diante de um buraco que em outras oportunidades causava riso e delírio, perguntou: "o que, meu tenente? Por acaso é munição?" Os suboficiais Geovany Rodríguez e Franklin Giraldo ficaram olhando, aflitos com sua ingenuidade: "não seja estúpido, irmão, venha aqui e ajude a carregar!" Os homens ergueram as vasilhas com o mesmo esforço que se tivessem carregado um piano e levaram-nas até uma clareira, aonde a maioria dos soldados da companhia chegou. Os Demolidores estavam preparados para negociar com os Abutres. O tenente Mojica chamou o seu par, o tenente Sanabria, por intermédio de um emissário, para evitar deixar o rastro de uma comunicação assim no radiofone, e em poucos minutos o tinha plantado à sua frente, olhando, surpreso, as vasilhas transbordantes de maços de dólares. Luger Díaz, soldado da Companhia Abutre, foi testemunha daquele encontro que poria fim a uma possível guerra entre a tropa:

*A única coisa que posso testemunhar é que nos levaram três vasilhas plásticas médias com dinheiro... Nas vasilhas havia dólares e pesos colombianos... O comandante da Companhia (Sanabria) dividiu o dinheiro. Não nos disseram que quantidade havia. A mim entregaram uns sete pacotinhos, cada um com cem notas de cem dólares. O comandante da "De" passou três vasilhas ao comandante da "A" e ele ordenou que dividíssemos o dinheiro entre nós, deram a todos... Pelo que me consta deram a todos os da minha Companhia "A". Disseram-nos que matariam o soldado que abrisse o bico e que chegássemos ao batalhão como se não tivéssemos nada.*

Germán Lasso Jaimes, efetivo da Companhia Abutre, garante que ele levou a pior na divisão desse dia:

*Havia rumores de que na Companhia "De" tinham encontrado um dinheiro e quando se formou o escândalo trouxeram umas vasilhas à colina onde estávamos. Suponho que essas vasilhas foram mandadas da Companhia "De". Uns soldados as trouxeram. Não sei quem porque eu não estava. Nessa hora eu me encontrava dormindo, quando o meu tenente Sanabria mandou chamar a todos e eu cheguei, vi que havia dinheiro no chão. Eram dólares, então uns soldados que estavam ali me disseram para pegar o que quisesse, eu catei cinco mil dólares e os guardei, porque cheguei entre os últimos, não sei quanto caberia a cada um... Lembro que nós não encontramos as vasilhas com dinheiro. As vasilhas que encontramos, que não eram de dinheiro, foram reportadas pelo tenente Sanabria ao comando do batalhão. As vasilhas que encontramos foram queimadas e foram entregues somente fuzis, munição e documentos. No dia da divisão entre a "De" e a "A" nos mandaram três vasilhas, mas não sei a quantidade de dinheiro que havia ali. Só sei que a companhia "De" foi a que encontrou isso, do qual nos mandaram três vasilhas somente com dólares, que foi só o que vi quando cheguei. Nesse dia havia muita gente em volta, mas quando eu cheguei para pegar a minha parte os comandantes já não estavam por ali, acho que estavam nas barracas... Meu tenente Sanabria disse que não fôssemos comprar nada nesses dias, enquanto tirávamos o dinheiro da área, para que as pessoas não soubessem, isso foi a única coisa que ele nos disse... Eu acho que esse dinheiro não é do Estado e não se sabe de quem é. Eu não acho que cometi um delito porque recebi esse dinheiro por parte do meu comandante.*

Um soldado da Abutre, criado nos trabalhos de uma granja camponesa e com talento para calcular o peso de seus fardos apenas erguendo-os com o braço, revelou ao tenente Sanabria que cada enfaixo de cem mil dólares pesava cinco libras e que como a vasilha pesava 150 libras, então cada recipiente continha uma soma calculada em três milhões de dólares. Estavam diante de nove milhões de dólares mal pesados. "O suficiente para que deixemos os atritos e tantas besteiras", disse um suboficial da Demolidor que estivera no grupo escoltando o seu comandante. A seguir, os dois tenentes se afastaram de seus homens e, numa conversa em que surgiam risadas e mútuos tapinhas nas costas, trocaram detalhes sobre as descobertas do dinheiro e da possibilidade de que toda a terra da selva do Coreguaje estivesse adubada com tais covas da guerrilha. Um homem que chegou ao grupo disse com sarcasmo que esse era o banco das Farc. Outro disse que, fosse de quem fosse, agora todo esse dinheiro pertencia às duas companhias e que ninguém poderia lhes tirar algo do qual o Estado jamais se inteirou. "Isso é pura merda", disse mais alguém, "somos ladrões e temos que assumir isso com toda a firmeza." "Não somos ladrões", acrescentou um cabo, "demos um golpe na guerrilha e merecemos este dinheiro por arriscarmos a vida pela Colômbia." "Então", falou mais alguém, "que nos condecorem e devolvamos o dinheiro quando sairmos daqui, que é para isso que somos soldados da pátria." "Com uma medalhinha", respondeu outro soldado, "eu não compro nem os remédios da minha mãe, nem a casa dos meus filhos, compadre." "Quietos!", gritou o tenente Mojica. "Silêncio, caralho!", continuou, "a única coisa que eu quero dizer é que vocês têm que fazer as coisas pelas vias legais. Não vão enlouquecer agora. Cada um com a sua consciência verá no que dá. Só lhes digo para pararem com esse assunto de baixa; se vão se retirar endinheirados, vão com calma, não vão todos de uma vez, esperem um tempo e vão um por um. Não todos ao mesmo tempo." Depois, a representação da Companhia Abutre subiu a colina com suas vasilhas, e os homens da Demolidor se internaram em seu território, satisfeitos com a paz comprada.

Jorge Suárez Briceño, conhecido como Mono Jojoy, comandante militar das Farc (ao centro), responsável pela vigilância da zona onde foi encontrado o multimilionário tesouro das Farc. Esse homem realizou um julgamento sumário e fuzilou os guerrilheiros responsáveis por vigiar o dinheiro encontrado pelos 147 militares.

Integrantes das duas companhias do exército nacional da Colômbia envolvidas na descoberta e roubo do tesouro das Farc, antes de partir rumo a El Caguán.

Momento em que uma das companhias acha um dos primeiros esconderijos, no qual encontraram sabonetes, pastas de dentes e outros artigos de higiene pessoal. Mais tarde achariam outro com dólares.

Soldados que participaram da divisão dos dólares encontrados em um dos esconderijos. A loucura de se tornarem ricos se apoderaria deles muito rapidamente.

Os soldados capturados que participaram da descoberta e do roubo do tesouro das Farc foram submetidos a um tortuoso julgamento em uma brigada militar, perto de Bogotá.

Soldado colombiano, em uma operação de rotina nas selvas limítrofes com o Brasil, busca rastros dos tesouros enterrados das Farc.

Soldado em zona de guerrilha detecta uma irregularidade no terreno. Muitas vezes, tesouros enterrados das Farc correspondem a minas antipessoais, que matam por ano centenas de soldados e camponeses inocentes.

Avião derrubado por franco-atiradores das Farc no qual eram transportados os agentes antidrogas norte-americanos. O seqüestro desses norte-americanos desencadeou a operação de resgate realizada pelos 147 soldados que acabaram por encontrar os tesouros enterrados das Farc.

Soldado colombiano é ferido pela guerrilha em plena operação de retomada da zona de El Caguán das Farc. Essa zona é um dos territórios mais perigosos do mundo.

Mapa da localização da zona desmilitarizada para os diálogos de paz com as Farc, formada por 44 mil quilômetros quadrados. Nesta zona, as Farc enterraram o tesouro encontrado pelos soldados colombianos. Ali ainda permanecem enterradas outras dezenas de tesouros, avaliados em centenas de milhões de dólares, que são produto de seqüestro, narcotráfico e extorsão.

## 12 DE ABRIL

Logo após receber as primeiras ordens do dia por parte do major Vallejo, o tenente Sanabria convocou toda a sua companhia, 73 homens, exceto as sentinelas, numa paragem da colina para onde também fez que fossem levadas as três vasilhas amarelas. Segundo conta o primeiro cabo Yovany Lizarazo Valderrama, o tenente chegou circunspeto à reunião extraordinária e formou sua companhia com muito mais disciplina que de costume, passou em revista como sempre e nunca revelou com todos os detalhes os possíveis lugares onde ficavam outros esconderijos com dinheiro da guerrilha na selva do Coreguaje. Depois, segundo conta Lizarazo em sua confissão, o tenente anunciou a seus homens que todos teriam sua parte em dólares, mas que, tinha certeza, deviam continuar procurando mais tesouros enterrados porque ainda não era suficiente. O soldado que o surpreendeu foi o encarregado de contar os homens e estabelecer porções iguais segundo os maços, porque, disso tinham certeza, jamais conseguiriam contar as notas, apenas pesá-las. O soldado báscula estabeleceu que para cada homem coubessem seis maços de cem notas de cem dólares cada maço, quer dizer, 60 mil dólares por soldado. Mas, conforme o tenente Sanabria dispôs, cada oficial e suboficial receberia 70 mil dólares. Depois que o cabo Elíseo Mena Benítez tirasse as cintas das vasilhas, os soldados Gutiérrez, Viveiros e Díaz Velasco se dedicaram à tarefa de separar as porções e entregar aos companheiros. Um dos homens que fizeram fila para receber sua parte se recusou a aceitar o dinheiro. Todos se calaram e se entreolharam e depois se voltaram para o soldado que vacilou, até que por fim ele tomou o pacote em seus braços. O tenente Sanabria caminhou até o subalterno e o que parecia um chamado de atenção da corte militar se converteu em uma ameaça em tom colérico: "aqui todos têm que receber: quem cair, cai sozinho e quem falar, come terra." A cada comandante de esquadra foi entregue a parte das sentinelas, mas ninguém comprovou se o dinheiro chegou até eles ou se receberam a parte completa. Recolhido em um cárcere militar, o soldado Carlos Rubio Sotelo recorda que naquele dia se encontrava fazendo a guarda longe do local onde se deu a divisão:

*Um companheiro meu chegou ao local onde eu estava servindo de sentinela e me disse: "Rubio, olha, acontece que encontramos um esconderijo com dinheiro, já fizemos as con-*

*tas e o que nos cabe por cabeça dá três milhões de pesos." Eu os recebi, mas não acreditava, não acreditava e pensava que era impossível que houvesse dinheiro nesse monte. A alegria era grande porque com o salário que se tem no exército não dá para suprir as necessidades, então quando chega um presente de três milhões de pesos é para solucionar muitos problemas. Terminado o meu turno de guarda, catei o dinheiro e fui escondê-lo. Mas quando escureceu comecei a ver muitos soldados andando para cima e para abaixo pela selva, embaixo da montanha e toda essa coisa, e então para mim isso foi estranho. Daí pensei dentro de mim: "isso é porque deve haver mais dinheiro por aí ou não estão repartindo realmente por igual, não são conscientes, nem justos." Mas logo um companheiro se aproximou e me disse: "você tem cigarros para me dar de presente?" Eu disse que sim e os entreguei, e ele me respondeu: "não, mas agorinha me dê isso lá na barraca. Vá até a barraca, espero você lá." Eu cocei a cabeça e pensei "que coisa estranha", mas não ficou alternativa a não ser ir até a barraca, onde nos encontramos. Dei-lhe os cigarros e o soldado me disse: "o que acontece é que encontramos um tesouro e eu vou dar a caixinha para o refrigerante." Aí foi quando ele me deu 20 milhões de pesos. Eu não estava acreditando: eram dez punhadinhos de dois milhões de pesos em notas de vinte mil pesos.*

O tenente Sanabria entregou ao sargento Diego Racines Lugar os 70 mil dólares, mas o suboficial recusou-os decepcionado com o superior. Ergueu-se um novo silêncio no grupo, mas o sargento, assediado pelos olhares do resto da Companhia, acabou recebendo o seu pacote com temor. Algo parecido aconteceu com o soldado Poloche Loaiza, um jovem desajeitado com mais pinta de pregador religioso que de militar, quando chegou sua vez de receber os dólares. O soldado, ostentando a imunidade à qual suas orações — para os doentes e para conjurar o temor nos combates perigosos — o tinham levado dentro do grupo, inclusive perante seus superiores, rechaçou a oferta com uma justificativa inapelável: "eu me recuso a receber esse dinheiro porque a minha religião não permite!" O tenente Sanabria, desta vez cuspindo de lado, aproximou-se do soldado Poloche Loaiza sem deixar de olhá-lo: "e de que religião você é, soldado?" Com um gesto de serena dignidade, o ajudante respondeu: "sou evangélico, meu tenente." "Ah, é?", respondeu Sanabria, "pois se fodeu, porque aqui o deus que manda é este" e mostrou-lhe um maço de notas, "e se você não estiver de acordo, então vai ter de ir para o céu com os anjinhos." Poloche afastou-se com os maços embaixo do braço.

Em seu interrogatório, o soldado Iván Mauricio Roa Martínez recorda os detalhes daquela divisão: "Meu tenente Sanabria me mandou ficar porque eu estava afastado da contraguerrilha e foi quando me disse que encontraram esse dinheiro perdido, abandonado na selva e que iam dividir. Então o que eu vi, o que dividiram com a Companhia Abutre foram três vasilhas. Meu tenente Sanabria com a ajuda de uns soldados. Foi o soldado Díaz Velasco Walter e outros soldados de que não recordo os nomes. O dia que me chamaram foi no domingo de ressurreição, soube que era domingo de ressurreição pela rádio. Nesse dia, meu tenente Sanabria me mandou para o soldado Herrera, aliás, Chocato, que vinha pálido e isso me pareceu estranho. Disse-me que fosse e que levasse minha gente para a contraguerrilha Abutre, que iam partir. O soldado se virou, eu não fui nesse momento. A seguir meu tenente Sanabria se comunicou por rádio e me ordenou que me apresentasse; primeiro desci sozinho. Foi quando observei as três vasilhas. Eu me encontrava a duzentos metros da contraguerrilha do meu tenente Sanabria. Quando cheguei foi que notei a contraguerrilha do tenente Sanabria reunida e as três vasilhas com dinheiro. O tamanho era de um metro de altura e oitenta centímetros de diâmetro. Nesse momento o tenente Sanabria tinha o comando, pois quando eu as vi não estavam cheias, faltava pouquinho para estarem cheias. Foi quando ele agarrou uma bolsa de plástico que tinha com umas fitas de presente, foi aí que abriu isso e me deu um maço de cem notas de cem dólares e me disse vá e traz a sua gente. Nesse momento então eu agarrei o maço e não conseguia acreditar. Deram-me a ordem de trazer o pessoal, minha contraguerrilha, exceto as sentinelas. Aí foi estendida uma manta, estendeu-se no chão. O tenente me perguntou quantos eram os meus efetivos, e eu lhe disse 1-5-32, e ele começou a fazer os montões com o soldado Díaz. Eu lhe dei o número da minha contraguerrilha, que éramos 38, inclusive, não sei quantos montões faria, começavam por camadas. Meu tenente Sanabria dizia que o que menos levasse, levava 25 milhões de pesos. Essa foi a primeira camada. Continuou-se com a segunda, organizou-se o dinheiro por camadas para que todos ficassem iguais, quadros e soldados. Depois disso foi quando eu dei a ordem para que formassem as esquadras e meu tenente Sanabria começou por dar a cada um o seu pacote. Os pacotes eram de seis maços, sessenta mil dólares, exceto para mim, que me deram um maço a mais; deram-me setenta mil dólares, isso era para que a gente acreditasse que era de verdade, porque a minha gente não acreditava. Meu tenente Sanabria entregou a cada comandante de esquadra para que desse às sentinelas. Não sei se os quadros entregariam o pacote às sentinelas naquele momento, depois disso minha contraguerrilha continuou com sua área de responsabilidade, que era a parte mais alta, sob comentários por parte dos soldados de que quem falasse comeria terra."

Na seqüência, a Companhia Abutre dedicou suas horas mais produtivas a localizar novos esconderijos com dinheiro, e com tal fim foram criados grupos para rastrear a parte baixa da colina e não deixar nenhum matagal, atalho ou pântano sem revistar. Os comandantes das duas companhias, segundo a declaração recolhida pelos investigadores, estabeleceram uma ponte direta de comunicação, por mensageiros, para evitar os "orelhas", os suboficiais de inteligência da Citem que vigiam dia e noite as comunicações internas da tropa. Os mensageiros levavam detalhes sobre como e quando ambas as companhias deviam realizar tal ou qual pesquisa e em que terreno. O objetivo era cobrir a maior área possível sem despertar suspeitas no comando central do BCG-50, a cargo do major Julián Ramón Vallejo Loaiza. A única forma como a tropa conseguiu se movimentar sem parecer suspeita foi inventando vários combates com a guerrilha. Um disparo ali e uma perseguição lá, e tudo informado ao comando central por radiofone, foi a desculpa perfeita para se moverem pelo terreno à vontade, em avanço ou retirada, em busca do resto do tesouro. Dessa maneira, enquanto as mãos, os facões e as pás cavavam em diferentes pontos, através do radiofone se pintava com as técnicas do melhor novelista um enfrentamento ou uma perseguição guerrilheira. Na minuta ou registro técnico da Citem sobre o que a tropa informou em diferentes comunicações radiotelefônicas ficaram consignadas comunicações como estas:

— Abutre e Demolidor, conter o avanço pouco a pouco, progressivo, mas com segurança; é provável que o apoio seja o do mês e não há como removê-lo, aproximar-se o máximo possível.

— Demolidor informa: sem novidade. Soube-se que há outro campo com explosivos. Continuar lento, mas em frente.

— Abutre e Demolidor, por a Semana Santa estar perto, atacaram a tropa hoje.

— Abutre informa: sem novidade. Quando chegar a uma zona estranha terá de fazer inteligência de combate.

— Abutre e Demolidor, não baixar a guarda na loucura da saída. Não gritar "Viva a Colômbia". Aumentar medidas de segurança.

— Demolidor, parece que outro campo minado foi ativado. Eles sabem que estamos planejando alguma coisa. Que não vai surpreendê-los.

— Abutre e Demolidor, é preciso redobrar medidas extremas.

— Abutre informa que ao redor do rio Balsillas há um grupo bem uniformizado. Nossa presença é necessária ali, esperemos chegada da Demolidor.

— Abutre e Demolidor, tomar cuidado com o movimento do inimigo e com as minas.

— Abutre e Demolidor, há movimentos e campos minados; estamos muito confiantes.

— Demolidor, o inimigo tem conhecimento de que você está alertando o pessoal, não vai se descuidar e atenção ao que está fazendo... Há outra rota de saída.

— Abutre e Demolidor, os bandidos conhecem nossa rota de deslocamento.

Entretanto, a busca no primeiro dia foi um fracasso que os Abutres começaram a atribuir ao seu escasso vigor, pois quanto mais fracos se sentiam, mais rápido deviam se mover se quisessem encontrar algum esconderijo; era como se tivessem sido apanhados numa espiral demoníaca, em que a ambição os obrigava a comer suas próprias vísceras.

## 13 DE ABRIL

O primeiro indício de que era possível encontrar alguma coisa naquele labirinto de toupeiras cujas mãos e facões cavaram na selva foi a descoberta de um soldado, talvez o de aspecto mais vulnerável do grupo, a quem o que surpreendeu na primeira divisão de dólares não foi a quantidade, mas o cheiro de novo e o frescor de umas notas que jamais tinha visto na vida. Na noite anterior, esse soldado, Luis Alberto Quemba, dormiu com os dólares como travesseiro e confessou a seu companheiro de barraca que agora sim ia comprar a casa para a sua mamãe. Antes de dormir, disse também que as regras do Exército não contemplam a entrega do dinheiro ao Estado e que, portanto, os dólares eram seus. Na manhã daquele domingo de Ramos, que dá início à Semana Santa do calendário católico, o soldado Quemba levantou-se e viu que vários companheiros seus se encontravam cortando algumas árvores de bambu para tecer uns ramos santos. Dois homens de joelhos rezavam com os ramos erguidos, enquanto um grupo maior ria contemplando a cena. O soldado Quemba uniu-se à oração e os três começaram uma canção de missa, que salpicavam de hosanas ao final de cada estrofe. Um soldado sem camisa e com a calça de campanha cortada na altura dos joelhos surgiu por entre o monte zombando dos devotos com uma imitação de ramo santo feito de dólares: "Deus nos quer, somos ricos!" "Respeite, irmão, não vê que hoje é domingo santo?", disse um dos soldados, que tinha talhado um imenso ramo que abanava enquanto o grupo cantava, mandando que ele se calasse. Após o ritual improvisado, o soldado Luis Alberto Quemba caminhou uns cem metros entre o monte. Não procurava de maneira consciente, mas de vez em quando varria a terra com a planta dos pés e escrutinava o terreno com olhos desconfiados até que, ao chegar a uma zona de árvores delgadas e imensas que davam ao espaço uma impressão de catedral, notou que o tapete de folhas sobre a terra parecia um pouco mais novo que o resto. Deteve-se e começou a cavar com as mãos dez, vinte, trinta centímetros, até que as pontas dos dedos começaram a sangrar. Quando estava a ponto de abortar a ação por considerá-la uma coisa de loucos a que tinha sido arrastado sem se dar conta, o soldado Quemba conseguiu tocar com o último golpe uma superfície dura e polida. Continuou cavando, possuído por uma força repentina, e não parou até descobrir totalmente o primeiro recipiente: uma vasilha de vinte centímetros de raio e quarenta centímetros de altura. Ao destampá-la encontrou três pacotes envolvidos em sacos negros. Rasgou e pôde comprovar que eram maços de notas de vinte mil pesos. A notícia sobre a descoberta chegou aos ouvidos do tenente Sanabria, que imediatamente dispôs um pelotão de homens armados só de facões e pás, que começaram a perfurar a terra ao redor do esconderijo descoberto por Quemba. Assim estiveram o dia todo, enquanto pelos radiofones fingiam manobras militares na área ante a suspeita de uma forte presença guerrilheira. Assim mantiveram o comando central distraído enquanto cavavam. Sanabria ficou à frente das operações e não deixou a tropa descansar nem mesmo quando os aguaceiros transformavam a terra num pântano impossível de perfurar, porque quanto mais cavavam nos atoleiros, mais rápido se fechavam aquelas areias movediças em que o terreno se converteu. Os quatro dias seguintes, a Companhia Abutre passou abrindo fossas em pleno sol e delirando com os dólares repartidos nas noites.

## 17 DE ABRIL

"Ali está o dinheiro, estúpido, ali está o dinheiro!", gritou um soldado para o grupo que se encontrava cavando sem perceber que, a seu lado, um banco de terra, ao deslizar, tinha descoberto parte de uma botija enterrada. Os homens saltaram para o butim e quando estavam para levantar os primeiros recipientes foram alertados pelo cabo Silva da presença de uma *cazabobos*. Os soldados se dispersaram em correria pela selva e em poucos segundos uma explosão rompeu o silêncio. Uma chuva de papel picado caiu sobre o lugar, enquanto os homens retornaram cautelosos para continuar o que tinham começado. Alguém disse: "vamos empacotar, vamos empacotar que ainda há botijas boas!" Parecia que era um dos maiores esconderijos encontrados pelo batalhão até aquele momento, pois cada vez que acabavam de desenterrar as últimas botijas um novo fundo era descoberto, com mais recipientes azuis, o que transtornava a ambição desmedida dos soldados. Uns saltavam no fosso, outros recebiam as botijas e o resto abria os recipientes, rasgava os sacos negros de lixo, tirava o contrabando e o passava a outros soldados, que iam formando os montões de divisão com destreza desenvolvida nos últimos dias. Tudo num silêncio mecânico de feitoria, onde se ouvia apenas o fôlego de burros de carga dos que, cansados, deixavam-se cair sobre a terra molhada para tomar ar. "É muita grana!", diziam outros enquanto empacotavam nos embornais e nas mochilas de campanha até não haver mais onde guardar os dólares que continuavam brotando do buraco com assombrosa velocidade, e tiveram que trazer as mantas das tendas para colocar as notas e arrastá-las até o acampamento. Eram nove da manhã daquela Quinta-Feira Santa chuvosa e sufocante, quando toda a companhia terminou vencendo o azar numa batalha iniciada quatro dias antes para derrotar a pobreza. "Ninguém toca em nada!", ordenou o tenente Sanabria aos carregadores que foram chegando com o butim ao lugar escolhido para a distribuição. Desde que se tornaram milionários, todos tinham aprendido a vigiar uns aos outros sem que ninguém notasse. Era um sistema fechado no qual o efetivo circulava de mão em mão com assombrosa naturalidade, porque todos sabiam que na selva as notas eram como simples selos; mas da mesma maneira que comprovavam o valor relativo do papel-moeda, também punham os seguros da desconfiança para cuidar com zelo da sua parte do butim, que, tinham certeza, recuperaria seu valor real quando chegassem à civilização. Dessa vez a entrega do dinheiro durou mais, porque houve quem resistisse a recebê-lo pelo simples problema físico de não ter mais espaço em seu corpo onde esconder os dólares. O soldado Sánchez, conhecido dentro do grupo não só por ser um noivo fiel e abnegado, mas também por entesourar no fundo do seu embornal as cartas recebidas de sua noiva durante os três anos de trabalho na tropa, surpreendeu a companhia com sua decisão de se livrar das cartas românticas para dar espaço aos maços de dólares. O homem esvaziou sua mochila diante do grupo pronunciando uma frase conhecida, mas que naquele momento explicava de modo tão fiel a sua decisão que parecia ter sido inventada por ele: "meus amigos: nem só de amor vive o homem." Todos seguiram o exemplo do soldado Sánchez e se livraram das últimas rações de campanha (comida fria em forma de enlatados) e ficaram sem cuecas ou meias, e não se importaram em não voltar a escovar os dentes com pasta de dentes, nem em não mais se banharem com sabonete, para ter um mínimo de espaço disponível para receber os dólares da liberdade. Há várias noites, nos dormitórios de ambas as companhias, Abutre e Demolidor, os homens que não conseguiam conciliar o sono pelo peso de sua insólita fortuna se resignavam à sua insônia escutando os demais, que falavam dormindo sobre o que fariam e comprariam com o dinheiro se estivessem com suas famílias naquela noite. As vozes e gestos de sonâmbulos que se produziam nos colchões falavam de homens dirigindo luxuosas caminhonetes e motocicletas, maridos felizes comprando jóias para suas esposas, filhos agradecidos dando casas, roupa e dinheiro a suas avós e mães. Segundo contaram as testemunhas insones daquelas noites de delírios, alguns produziam dormindo o ruído do motor dos veículos que dirigiam ou gritavam com vozes agitadas de pesadelo "sou rico, sou rico!", enquanto agitavam as mãos como se estivessem evitando se afogar num mar de dólares. Até depois de despertar os soldados continuavam com um olhar sonolento, como se continuassem imersos no sonho da noite anterior. Nesse momento, a frágil fronteira entre o espaço onírico e o mundo real tinha se perdido para sempre, e nenhum deles voltou a ser o soldado desperto que fora. Quase todas as conversas dos soldados na selva tinham a ver com o modo de descobrir de forma rápida um esconderijo sem cair em uma mina *cazabobos*, pois pouco a pouco todos foram esquecendo, numa amnésia coletiva, por que se encontravam no Coreguaje e acabaram acreditando na história de que a única coisa para a qual o seqüestro dos três agentes antidrogas americanos tinha servido era para que todos eles ficassem ricos. Uma tarde, na Companhia Demolidor, o cabo Solano chamou o soldado Zapata disfarçadamente para que ele lhe explicasse como encontrar um esconderijo de notas. Resguardados da presença dos demais entre a folhagem, o soldado Zapata explicou a seu superior:

— É muito fácil, meu cabo. Eu já sei o lance de como encontrar, tudo é questão de como se fica no terreno, entende?

— Não, não entendo, soldado — respondeu o cabo Solano.

— Veja, meu cabo: para encontrar o esconderijo, você tem que se situar bem no terreno e ser muito observador, quer dizer, olhar o contexto da paisagem da selva, uma árvore ou uma moita que torna a brotar no chão, mas que não brota de verdade, entende?

— São como... — continuou o cabo Solano — como sinais secretos que a guerrilha deixa no lugar onde enterram as vasilhas para poder encontrá-las...

— Exatamente, meu cabo! Em outros esconderijos que têm *cazabobos* o lance é muito mais complicado, meu cabo, porque os caras da guerrilha pintam as pontinhas das moitas para determinar onde o dinheiro está enterrado sem ativar as minas, entende?

— Sim, por isso tem que tomar cuidado. Mas como eu sei que embaixo tem um tesouro escondido?

— Fácil, meu cabo — disse o soldado Zapata pegando seu facão —, para isso tem esta coisa: a machadinha, viu? Você começa a escavar e a colocar a machadinha na terra sem apoiar firme, assim, por todos os lados. Se a machadinha tocar alguma coisa que soe como um coco, como oco, certo, então é porque tem um esconderijo: e aí sim a gente cava com tudo, meu cabo.

Na Quinta-Feira Santa, os operários das motosserras começaram a trabalhar sem descanso destruindo árvores em um lado e outro, não para improvisar algum heliporto, mas para utilizar os troncos como cobertura dos esconderijos que muitos fizeram para enterrar suas fortunas pessoais, ante a incapacidade de levar mais notas nos embornais de campanha. Alguns deixaram o dinheiro na mesma fossa, mas mimetizando de novo a paisagem com troncos e ramos. Outros levantaram seu próprio esboço de corsários, como certamente aprenderam nos filmes de piratas da infância: contando os passos ao oriente e ao ocidente, ou ao sul e ao norte, até achar um terreno propício onde enterravam o butim e se retiravam sem olhar atrás. Os dias de busca mais frenéticos foram essa Quinta-Feira Santa e o dia seguinte, Sexta-Feira Santa. A razão de tais afãs era que andou circulando entre a tropa, por intermédio de um dos radioperadores, que a Brigada Móvel 6, que engloba quatro batalhões, entre eles o BCG-50, seria rendida das operações no Coreguaje pela Brigada Móvel 9. A mudança poderia acontecer em questão de duas semanas ou menos.Por isso, os homens preferiram arriscar a pele cavando a terra de noite em qualquer lugar e por qualquer rumor sobre um possível tesouro do que descansar ou se concentrar na Operação Fortaleza, que os mantinha ali com o fim de resgatar os norte-americanos seqüestrados pela guerrilha. Só isso explica o fato que muitos soldados, agora transformados em *guaqueros* (uma espécie de caçadores de tesouros indígenas enterrados), pagassem seus turnos de sentinelas em dólares ou pesos colombianos a fim de dispor de tempo suficiente para procurar e cavar; ou que muitos homens encarregados de cozinhar para a tropa pagassem até 25 milhões a algum companheiro para que o substituísse. A vida tornou-se um jogo de transações onde tudo tinha seu preço e tudo podia ser comprado. Até o tempo dos outros, como ocorria com os aguadeiros, que apesar de serem milionários se deixavam comprar pelos que preferiam descansar ou cavar o terreno em vez de trazer água do rio. Ou como ocorria com os soldados contadores inatos de histórias de *mohanes* e *madremontes*, de quem os novos-ricos compravam o tempo para que narrassem contos fantásticos de terror e com isso pudessem se distrair e deixar de pensar no futuro. Apesar de ser um dos novos-ricos, o soldado Carlos Rubio Sotelo comprovou que o dinheiro parecia não ter nenhum valor na selva:

*Nesse momento o dinheiro não era nada para ninguém, porque não havia onde tomar um refrigerante, nem sequer onde comprar um doce, então, negociar era como um jogo e por isso comprava-se o que fosse, porém mais para comprovar o valor real do dinheiro. Negociar era como trocar balinhas. Note-se que eu tinha um rádio Sony dos pequenos, desses de cem mil pesos, que sempre gostei de carregar na selva, e um companheiro me pediu que o vendesse. Eu respondi que não porque era a única coisa que me acompanhava para me distrair e ouvir notícias e música. E ele insistiu tanto que, para me obrigar a vender, me disse que ia dar pelo rádio todo o dinheiro que tinha no bolso. E me mostrou o bolso e eu vi que ele tinha um punhado grande de dinheiro. Então eu disse que sim, ele tirou o dinheiro do bolso e tinha mais de um milhão de pesos. Note-se: com isso eu lhe vendi o radinho. Mas isso não é nada: depois me senti como um estúpido com um dinheiro imprestável no bolso e aborrecido sem ter o que ouvir.*

Parecia que a febre do Eldorado, adormecida neles desde o saque espanhol da conquista, estava de volta. Porque esses esconderijos de grandes fortunas eram a versão moderna das *guacas* ou enterros indígenas (do quéchua *waca*, deus da casa) pelas quais se mataram e foram mortos centenas de conquistadores em sua busca frenética do Eldorado cordilheira acima, um mítico tesouro perdido no fundo da lacuna da Guatavita, localizada no atual departamento de Cundinamarca, onde submergia um cacique com o corpo coberto de ouro para acalmar a ira dos deuses. Muitos indígenas foram assassinados pelos espanhóis e muitos espanhóis morreram em seu intento de encontrar o lugar exato dessa *guaca*, talvez a maior de que se tenha notícia na história ameríndia. E eles, os soldados das duas companhias, eram os herdeiros desse vírus espanhol do caçador de tesouros que prevalece hoje entre militares, guerrilheiros e narcotraficantes. Basta voltar expedientes judiciais para desenterrar as crônicas fantásticas dos esconderijos ou *guacas* que os narcotraficantes Pablo Varrer e Gonzalo Rodríguez Encurvada, "o Mexicano", ocultaram em suas diferentes propriedades de Medellín, Antioquia, e de Pacho, Cundinamarca. Sob a influência dessa febre *guaquera*, centenas de caçadores de tesouros arrasaram com picaretas e pás o antigo cárcere, a Catedral, localizado em uma das colinas tutelares de Medellín, onde Pablo Varrer permaneceu encerrado por 12 meses com seus lugares-tenentes. Os rumores sobre as várias fortunas que Varrer enterrou no lugar, e que começaram a fazer parte de uma das mais recentes lendas insondáveis do país, levaram ao lugar *guaqueros* nacionais e estrangeiros, que não deixaram na prisão nenhum ladrilho no lugar, nem parede sem perfurar, em busca dos 100 milhões de dólares enterrados pelo "Patrão", considerado um dos homens mais ricos do mundo. Entretanto, foi do "Mexicano" que roubaram mais *guacas* em suas propriedades. A maior foi uma de 19 milhões de dólares que o capitão Alvaro Hernán Uscátegui e o major Darío Pacheco Martínez desenterraram do imóvel Cuernavaca, propriedade do chefe do narcotráfico. O esconderijo, formado por vasilhas cheias de lingotes de ouro e maços de dólares de diferentes denominações, foi dividido entre os oficiais e um informante durante uma das tantas batidas nas propriedades de Gonzalo Rodríguez Gacha. Mas o roubo ficou conhecido por uma disputa interna entre o major Pacheco e o informante que os levou até o esconderijo. O capitão Uscátegui, por sua vez, revelou que o informante — que aparecia no expediente com o nome do Ramón — e Pacheco andavam procurando por ele a fim de matá-lo por conta de diferenças na divisão do butim. De seu esconderijo no Panamá, para onde se transferiu logo após tirar os dólares e o ouro da Colômbia, o capitão Uscátegui retornou ao país e, antes que seus ex-sócios o encontrassem, foi detido pelas autoridades. O caso, que pôs em evidência as fortunas enterradas nas propriedades dos chefes do narcotráfico, conferiu importância aos *guaqueros* especializados em achar esses esconderijos produto de embarques de cocaína e que os mafiosos dirigiam como seu banco pessoal ou sua apólice de seguro, em caso de serem capturados. Em um dos palacetes de Gonzalo Rodríguez Gacha Suba, a polícia capturou 15 pessoas, entre as quais se encontravam o coronel Hernando Rafael García Payares, três oficiais da polícia, o guardião Pedro Joaquín Molina e outros dois funcionários do Instituto Nacional Penitenciário e Carcerário (Inpec), que se puseram por sua conta e risco a desenterrar as fortunas do mafioso em suas diversas propriedades. Desta vez, quem pôs os uniformizados atrás da pista da *guaca* foi um paramilitar conhecido como "Comandante 28". O acerto deste misterioso personagem com os homens do Inpec foi de que eles podiam levar o ouro e os dólares encontrados se deixassem para ele uma maleta onde Rodríguez Gacha guardara seus segredos mais insondáveis. Devastações similares, a cargo de homens armados de picaretas e pás, sofreram outras propriedades do desaparecido chefe do narcotráfico no Ambalema, no departamento de Tolima, e em Remará, onde os vizinhos de uma de suas antigas mansões asseguram que, 12 anos depois, ainda se ouvem fortes marteladas pelas noites. Mas foram os gêmeos Víctor Manuel e Miguel Anjo Mejía Muñera que levaram os esconderijos dos imóveis para os apartamentos luxuosos de Bogotá. Em duas de suas propriedades, localizadas no norte da capital, os irmãos da nova geração de narcotraficantes do norte do Vale del Cauca esconderam entre as paredes dos apartamentos 35 milhões de dólares. Um esquadrão de agentes da Dijin, integrado por 16 homens, aplainou as duas propriedades e expropriou o maior esconderijo de dólares do mundo até então. Nem os oficiais, nem o fiscal, nem o procurador que levantaram as atas da descoberta podiam acreditar nos maços de notas que foram aparecendo das paredes. Um grupo de três pessoas ficou cinco dias contando o dinheiro. Um dos agentes que participou da operação confessaria mais tarde à imprensa: "e pensar que não nos deram nenhuma medalha. Nem mesmo um dia de compensação."

As montanhas de dinheiro proveniente do narcotráfico, das extorsões e dos seqüestros são tão difíceis de manejar e crescem a tal velocidade que os guerrilheiros acabaram aprendendo as técnicas de enterradores dos chefes do narcotráfico na hora de esconder suas fortunas. E durante três anos e meio, e desde muito antes, os membros do secretariado das Farc encontraram na zona de distensão — no Caguán — o terreno propício para ocultar o dinheiro do seu negócio e dispor dele com a facilidade dos governos que lançam mão das reservas do tesouro nacional.

## 18 DE ABRIL

Como os homens da Companhia Abutre, que dominavam a colina, eram donos dos dólares e os da Demolidor, acantonados na ribeira do rio, possuíam as notas colombianas, surgiu um problema em ambos os lados que pouco a pouco a tropa foi solucionando com uma malícia característica. Os dólares dos Abutre, por ser uma moeda estrangeira, causaram problemas de liquidez para os homens; e o grande volume de dinheiro colombiano dos Demolidor fez com que os soldados desta companhia enlouquecessem com o peso e a impossibilidade de esconder mais notas no corpo. De tal sorte que os da colina eram mais ricos com menos quantidade de notas, e os de baixo deviam carregar muito mais notas se quisessem sê-lo. Mas nem os Abutre nem os Demolidor estavam satisfeitos com a homogeneidade de suas fortunas.

Assim começou a fortuna de uns e outros se converter em capitais mistos, graças a improvisadas casas de câmbio que foram montadas no sopé da colina, aonde os ricos em dólares e em pesos chegavam para intercambiar suas notas. Por um dólar eram pagos 2.300 pesos, mas a cotação começou a subir à medida que a demanda de moeda estrangeira cresceu, pois os homens da Companhia Demolidor precisavam aliviar o peso da bagagem e os da Abutre já estavam satisfeitos com a moeda nacional que entrara na companhia nos primeiros dias de transações. Quando se começou a pagar 2.800 pesos por um dólar, foi criada uma instabilidade no mercado de câmbio na selva do El Coreguaje que soltou as rédeas para o mercado negro da compra-venda. Além disso, o surgimento inesperado de um novo esconderijo em moeda nacional reativava a especulação no preço do dólar. Atraído pela atividade cambiária na selva, o soldado da Companhia Demolidor Carlos Rubio Sotelo decidiu aliviar sua carga de notas colombianas e comprou dólares:

*Naqueles dias eram muitos os que subiam a colina carregados de pesos colombianos e desciam leves com seus dólares. Eu me decidira a trocar alguns punhados que meus companheiros me deram e subi a colina, porque, além disso, eu nunca tinha visto esse tipo de dinheiro do estrangeiro. Só uma vez os vi pela televisão, mas nunca tinha tido um dólar em minhas mãos. Para mim foi bom porque por um punhado de dois milhões de pesos me deram mil dólares em dez notas de cem dólares, desses que têm a cara de um gringo distinto, muito parecido com Simón Bolívar. Na verdade, eu destroquei essas notas não porque estivesse muito carregado, pois consegui recolher em dinheiro colombiano somente 50 milhões de pesos, mas sim porque queria ter uns desses dólares de lembrança.*

Naquela Sexta-Feira Santa, as duas companhias continuaram suas inspeções em busca dos últimos tesouros enterrados, impelidas por uma cobiça que se alimentava da descoberta de mais esconderijos. Nem mesmo a fome pôde conter a ambição expansiva da soldadesca doente. Fazia tempo que a comida tinha deixado de ser o mais importante para a tropa, não obstante as escassas rações que chegavam de helicóptero ao lugar. Mas havia fome e doença, em que pese o bem-estar inventado pelo dinheiro fácil. Os homens continuaram pedindo baixa a seus comandantes, com mil juramentos de que o afã de sair se devia somente ao paludismo e não à posse do tesouro. Nem o tenente Sanabria nem o tenente Mojica sabiam no que acreditar e acabaram brigando com o comandante do BCG-50, o major Julián Ramón Vallejo Loaiza, convencidos de que o oficial se importava muito pouco com o bem-estar da tropa. Alguns sussurravam à noite que a inimizade entre os comandantes e o major Vallejo era conveniente para manter o segredo a salvo. E, amparados no pleito de seus superiores, os soldados continuaram a ameaçar de morte outros companheiros — fosse por um rumor, por uma insinuação ou por inveja daqueles que tinham mais dinheiro — que se atrevessem a contar sobre os esconderijos encontrados. Contra as ameaças o único antídoto era o silêncio, mas a fome era outra coisa. Quando a febre do ouro baixava, os homens sentiam que a fome os devastava. Nesses momentos, as operações militares elaboradas para emboscar o inimigo serviam para caçar uma simples anta, uma espécie de suíno herbívoro que os pelotões perseguiam por matagais e gargantas até conseguir apanhar. As caçadas efetivas eram realizadas de noite, quando as antas saem de suas tocas e os homens se precipitam sobre elas em fila indiana, enquanto pastam, numa escuridão absoluta, guiados tão-somente pelo brilho que a ponta de seus fuzis projeta no caminho por onde pisam. De dia, era realizada outra série de operações para acalmar a fome. Consistia em procurar os mojojoy (que sem dúvida deram o nome ao chefe militar das Farc, Mano Jojoy), espécie de vermes gigantes que se incrustam no tronco das palmeiras altas. Os soldados subiam no alto dessas árvores armados de cigarros na boca. Uma única baforada de fumaça sobre os orifícios dos mojojoy é suficiente para tirá-los do seu esconderijo. O animal, tão grande como uma salsicha, porém mais grosso, punha a cabeça para fora e nesse momento os homens o pegavam pelo corpo e o decapitavam com uma dentada, para sorver o líquido verde e pegajoso do seu interior, que tem sabor da água de coco. Dessa forma, também se hidratavam e lutavam contra um clima que os cozinhava em fogo lento sob a sombra, pois acalmar a sede diretamente da água do rio podia custar a vida a qualquer soldado. A menos que ele tivesse a paciência — que só é forjada na miséria prolongada — de recolher a água do rio e se sentar para esperar que o fundo do recipiente se sedimentasse, para depois coar a água com uma camiseta até obter o líquido mais transparente possível, num procedimento que pode tomar várias horas, tudo para evitar adoecer de leishmaniose. O soldado Fredy Alexander Rojas recorda que naquela semana os homens carregados com sua fortuna nada podiam fazer para curar a epidemia que estava dizimando a todos: a diarréia.

*Essa era a doença mais comum. Eu já tinha isso antes de ser rico, mas quando me deu fiquei intranqüilo, e como é freqüente que uns adoeçam e depois outros e outros, então se criou uma terrível cadeia, em que os que adoeceram primeiro saíram ganhando... Sim, digamos assim, porque esses soldados são os que são vacinados primeiro, e os que adoecemos por último começamos a falar: "meu capitão, estamos doentes." E eles respondiam: "mas você não é o único", e assim a gente ia se fodendo, porque depois nos diziam: "chame o major", e aí sim era pior porque o major não queria nos mandar a droga, porque não tinha possibilidade, porque não podia e não podia... pois assim eu adoeci e depois, nessa situação, a única coisa que me restava era me acostumar a dormir e a fazer a guarda com febre alta.*

Um dos oficiais peritos em missões perigosas na selva do El Caguán e membro do Batalhão Contraguerrilha Número 56, que foi substituído na área pelo BCG-50, analisou em um curto diálogo os momentos críticos que cercaram a tropa quando esta tomou a decisão de se apropriar das covas com dinheiro.

— Do que um soldado adoece nessas condições?

— Pode-se adoecer do estômago, de diarréias pelo consumo de águas não tratadas, ainda mais porque o soldado não gosta de jogar a pastilha purificadora na água, prefere recusar a pastilha porque diz que fica com sabor de cloro, por isso prefere descartá-la. Um soldado nessas condições está propenso a pegar carrapato, mas isso não o inutiliza da noite para o dia, é uma coisa que aparece e se desenvolve em um mês. A chaga começa a aparecer, mas não dá para dizer que porque me saiu um carocinho eu já preciso ser evacuado. Aqui se pega o paludismo, mas não a ponto de dizer que havia dez soldados com paludismo e que precisavam ser evacuados com urgência.

— Então, fazer-se de doente é uma desculpa para sair de certas zonas?

— É mais desculpa, sim, senhor. Os soldados adoecem, mas não nas proporções que pretendem mostrar aí, embora a área seja crítica e o terreno, duro.

— Se as duas companhias, Abutre e Demolidor, moviam-se juntas, com que critério militar é estabelecida a responsabilidade pelo avanço ou pela descoberta de material do inimigo?

— Nesse caso as duas companhias iam se movendo no mesmo terreno, e quem determina o mando e as manobras é o comandante mais antigo das duas companhias. Não importa que duas companhias avancem, mas se for em apoio mútuo, o responsável pela manobra e por esse avanço é o mais antigo dos dois comandantes. Se o esconderijo do dinheiro foi encontrado pela companhia do comandante mais antigo, com mais razão ele deve informar.

— Se você e o seu batalhão não tivessem sido substituídos, você acabaria encontrando os esconderijos; que tratamento você teria dado a esse achado?

— É uma situação muito complexa. A gente conhece a idiossincrasia dos soldados; e em tantos anos dirigindo os soldados, a gente os conhece. Acredito que a vida dos comandantes estava no meio porque nesses momentos em que os soldados vêem que seus comandantes não confabulam, então a vida deles corre perigo, porque podem assassiná-los para ficar com o dinheiro.

— Quer dizer que, se os comandantes Sanabria e Mojica não confabulam, o dinheiro teria sido informado mas eles teriam corrido risco?

— Uma vez que a tropa se inteire de um achado desses é muito difícil manejá-la, tem de ser uma companhia supremamente disciplinada e onde você exerça uma liderança firme sobre seus homens... Mas acho que diante de uma quantidade de dinheiro como essa o que acontece é que a sua vida e a dos comandantes que não se unem correm perigo, porque os soldados assassinam para ficar com o dinheiro. O que eu teria feito? Como comandante eu teria informado, mas se visse que a minha vida corria perigo seria uma situação bem difícil. Teria aceitado recebê-los, confabulado como todos e, em código, informado a situação aos superiores para que me salvassem a vida e me tirassem dali.

O TESOURO

Com os dias, o terreno no qual os 147 homens tinham cavado em busca dos esconderijos parecia um campo bombardeado, salpicado de buracos aqui e ali, com soldados caminhando entre as árvores como sonâmbulos, medindo o terreno com a cabeça baixa antes de fincar a pá ou o facão. Tempos depois, em seu primeiro interrogatório perante a justiça militar, o integrante da companhia Demolidor, Damián Solano Suárez, reconheceu que novos males afligiam a tropa: "entra a ambição, o medo e a ameaça de mais de uma pessoa à outra. A ambição porque mais de uma pessoa, e mais diretamente os soldados, pensou em relatar isso; mais que todos, os soldados Rodríguez Roso e Ramírez Geovanny estavam muito marcados pelo major Vallejo por causa da disciplina. Eles eram muito indisciplinados e já estavam para dar baixa. Isso era o que o meu major tinha pensado durante um bom tempo e imagino que esses soldados, de qualquer forma, sempre procuravam um jeito de deixar o major mal, já que se sentiam marcados como maus soldados, e que oportunidade melhor que essa? Imagino que foi isso o que esses soldados podem ter pensado. E a ambição de ter tanto dinheiro de repente criou a ameaça, porque durante o ano e meio mais ou menos em que a gente conhece as pessoas, ouve comentários sérios vindos delas mesmas, ou da boca dos amigos de onde elas vêm, que afirmam que estes soldados estavam sendo investigados criminalmente por crimes em grupos de extermínio em Arauca. Estes soldados que encontraram os esconderijos e que impuseram sua lei desde o princípio, assim desde então tudo foi organizado, e não sei do meu tenente Mojica, mas ele já sabia isso, só não sei em que grau ele estava comprometido. O que sei é que me certifiquei de que ele sabia o que acontecia porque, se quisesse, teria reportado os primeiros esconderijos encontrados, dos quais os soldados que já mencionei deram dinheiro ao meu tenente."

Às vezes, os raçoeiros chegavam nos grupos de homens dispersos na selva com o fruto de um novo achado e uma mensagem que ninguém vacilava em desatender: "mandaram dizer que quem estiver insatisfeito com a parte recebida que se abaixe por mais." Por aqueles dias os homens desandavam pela selva como feixes de nervos pela impaciência diante do aviso de que em breve a Brigada Móvel 9 chegaria para substituí-los na Operação Fortaleza. As últimas informações dos comandantes sobre o paradeiro dos três agentes antidrogas dos Estados Unidos seqüestrados pelas Farc eram de que a guerrilha matara dois dos reféns. Segundo as investigações da inteligência que o exército realizou na zona onde o avião dos estrangeiros foi atacado pelos guerrilheiros — em sua fuga para os acampamentos das Farc em Algeciras, no departamento do Huila — um dos funcionários morreu. O relatório indica que ao chegar a um local conhecido como Quebrada del Cacao, o mais veterano dos agentes disse que não caminhava mais e que se os guerrilheiros insistissem no deslocamento, que o matassem. Os subversivos, então, assassinaram o agente e continuaram o caminho com o último seqüestrado. Os guias que foram interrogados pelos investigadores do exército corroboraram essa suspeita, ao indicar que no povoado de Santanarramos os guerrilheiros compraram uma mula para transportar o único funcionário norte-americano que mantinham seqüestrado. Mas, meses depois, todas essas especulações da inteligência do exército foram rebatidas com o surgimento das primeiras provas de sobrevivência dos três agentes seqüestrados pela guerrilha, em que eles são vistos sãos e salvos em várias fotografias de Thomas Howes, Keith Stansell e Marc Gonçalves. Entretanto, e apesar de todas as informações certas ou não recolhidas no lugar onde o avião se destroçou, era um fato que a Operação Fortaleza, montada para dar captura aos guerrilheiros e liberar os funcionários norte-americanos, ia ganhar um novo ar com a Brigada Móvel 9, após quase um mês de desgaste do BCG-50 na extensa selva de El Coreguaje. O último helicóptero que chegou ao local com as provisões para as duas companhias também trouxe a boa nova de que a tropa seria retirada da área em uma semana. Nessa Sexta-Feira Santa os homens fizeram uma festa, como ninguém se atreveria num funeral histórico como era a crucificação de Jesus Cristo. Mas eles sentiam uma alegria grande demais para não expressá-la, pois estavam a um passo de sair do inferno carregados de dinheiro para uma vida que estavam esperando desde que começaram a loucura de seguir o rastro de uns guerrilheiros num território de ninguém, em busca de uns agentes cuja sorte pouco ou nada importava à maioria dos soldados. Jogaram, fumaram e tiraram fotografias abraçando suas fortunas. Naquela noite montaram uma biboca de jogo, com apostas sérias de jogadores profissionais, e jogaram até as últimas conseqüências as notas remanescentes que não couberam em suas algibeiras de foragidos. As apostas oscilavam entre mil e cinco mil dólares, em notas americanas ou seu equivalente em moeda colombiana; naquela manta estendida sobre a terra ganhou-se e perdeu-se sem alegria ou tristeza, porque o problema não era enriquecer, mas matar o tempo. Assim foram as noites dos dias seguintes: governadas por um jogo monótono sem emoção. Talvez por puro tédio ou por uma demência coletiva que tenha transbordado, segundo contaram várias testemunhas interrogadas pelos investigadores, é que alguns soldados acenderam uma fogueira para guiar a aterrissagem de um helicóptero com notas nacionais e americanas e, depois que a aeronave partiu, mantiveram-na acesa por várias horas, numa insensatez tão bárbara que mais tarde muitos tiveram trabalho em explicar aos familiares por pura vergonha. Todos cruzaram uma linha sem retorno e agora só lhes restava esperar a marcha para San Vicente del Caguán. Por isso, a proximidade do dia do regresso tinha-lhes mudado o olhar e perturbado a consciência. Em cada amanhecer, para muitos o vulto da fortuna pesava mais no moral do que no corpo. Nessas circunstâncias, uma espécie de mania coletiva os contagiou: o sintoma era que todos voltavam a esconder com muito mais escrúpulo as notas no corpo e nos embornais, para evitar que alguém no batalhão as encontrasse. Mas a posse da fortuna estava escrita em suas testas como um aviso de néon. Seus temores foram confirmados vários dias antes da saída de El Coreguaje, quando se espalhou entre a tropa o rumor de que com a chegada do Batalhão Cazadores os altos oficiais realizariam uma revista às companhias por causa de algumas dúvidas sobre o número de fuzis AK-47 encontrados em um dos esconderijos da guerrilha. Os homens voltaram a esvaziar os embornais e a imprensar os maços com um vigor renovado e a fazê-los entrar em orifícios e lugares do corpo inacreditáveis, tudo em meio a uma histeria de que qualquer lugar teria de ser aproveitado: cinturões foram rompidos para se colocar dólares, coletes foram descosturados para receber os maços e cantis foram esvaziados para esconder as notas. Os soldados que não tiveram mãos suficientes para carregar mais dinheiro fizeram pequenas alianças com os mais ricos do grupo e escolheram lugares afastados para sepultar o dinheiro que não puderam carregar, mas sem muita convicção de poder retornar para recuperá-lo. Os homens das motosserras trabalharam horas extras destruindo árvores próximas às novas fossas de esconderijos para deixá-las cair e sepultar seu tesouro. Outros fizeram esboços sobre os esboços realizados, a fim de fazê-los circular e confundir aqueles que, escondidos na mata cerrada, esperavam assaltar os tesouros enterrados de seus companheiros. E assim, em meio a uma desconfiança generalizada, foram passando os dias mais ociosos para o grupo antes da chegada da ordem de saída daquela selva. Os registros e patrulhas que foram mantidos obrigavam a tropa a avançar todos os dias algumas dezenas de metros, por segurança diante da suspeita de novas minas enterradas como armadilhas pela guerrilha, mas os soldados retornavam no mesmo dia ao lugar de partida como mascotes incapazes de abandonar o afeto do lugar de origem. Por isso, eles deviam abrir heliportos na medida do seu avanço, até que chegou a data esperada em que limparam uma área suficiente para a aterrissagem de três naves, as quais foram retirando a tropa de El Coreguaje para Las Morras, de onde começaram uma longa caminhada para San Vicente del Caguán. Para Wilson Alexander Sandoval essa foi uma das travessias mais penosas da sua vida:

> *Jogaram-nos no caminho de Las Morras e daí começamos a andar até San Vicente, porque a ordem era que tínhamos de estar lá antes de cinco dias, e isso realmente era muito pouco tempo porque eram mais de 120 quilômetros e nem que alguém faça 30 quilômetros diários não consegue chegar, um soldado consegue caminhar no máximo 20 quilômetros por dia, mas para nós até mesmo essa distância era impossível, já que vínhamos com muito peso em cima... Você sabe, com o dinheiro em cima vínhamos bastante pesados, mas apesar disso metemos as caras, andamos muito: íamos queimados, escaldados, com os pés cheios de bolhas, esbodegados, olhando para o nada, cheios de olheiras... a meta era chegar ao batalhão o quanto antes possível porque iam nos retirar para Popayán. Meu major Vallejo e o chefe de operações aéreas da brigada ficavam apressando a tropa porque o apoio e os aparatos já tinham data de chegada.*

Entretanto, para Fredy Alexander Rojas, efetivo da Companhia Demolidor, o percurso a pé pela estrada, apesar de tantos rigores, converteu-se numa espécie de caminho para a liberdade:

*Era uma grande ironia. Na selva tínhamos muito dinheiro, suficiente para comprar até um avião, um edifício ou o que quiséssemos, mas mesmo assim não podíamos comer nem mesmo uma bolacha... nem fumar um cigarro, porque por lá não havia nada. Então, o primeiro afã que me deu quando pisei na estrada foi de chegar a uma loja e tomar um refrigerante, e não era somente eu, todos estavam nessa. Então quando a gente chegava à loja já não havia refrigerantes, nem doces, nem bolachas, nem nada... Por isso apertávamos o passo para chegar primeiro à loja seguinte, e assim o avanço ocorreu de maneira rápida. Mas o mais difícil era que todos pagávamos com notas de vinte mil pesos, e os lojistas ficavam sem o que nos dar de troco... Foi assim que finalmente consegui uma barraca só para mim e tomei três refrigerantes sem respirar, embrulhei um bom cozido de galinha, descansei e continuei o avanço, mas com a alma no corpo. Imagine, quase um mês e meio antes, quando saí para El Coreguaje com a missão de encontrar os gringos e a promessa de que se os resgatássemos nos dariam um prêmio, jamais pensei que mesmo retornando sem os gringos íamos voltar com as mãos cheias, com o melhor prêmio que se pode dar a um soldado, incluídas as medalhas e todas essas coisas sem nenhum valor.*

A Companhia Abutre ia na vanguarda enquanto a Demolidor avançava quatro quilômetros atrás, pela estrada e outras vezes por entre os sulcos naturais dos atalhos encontrados. Estavam a 120 quilômetros do seu batalhão e, segundo a ordem do comandante, os homens deviam chegar nos cinco dias seguintes a San Vicente sem nenhum atraso. A ordem, conforme os suboficiais entenderam, devia ser cumprida, tivessem eles de correr ou utilizar o veículo que fosse. O major Vallejo comunicou aos comandantes Sanabria e Mojica que com uma tropa leve, com provisões de mantimentos esgotadas, o avanço não teria pausas. Mas os homens não tinham carregado tanto peso em nenhuma missão anterior, porque, mal contados, os 147 soldados de ambas as companhias levavam por cima o conteúdo de 25 vasilhas, as quais, em moeda nacional e estrangeira, somavam cerca de 80 milhões de dólares. Por isso, desde os primeiros quilômetros, o avanço foi lento, e a tropa descansava onde a fadiga os surpreendesse, como ocorreu ao chegar ao povoado de La Campana, um casario de trinta ranchos cujos habitantes acolheram o exército sem maior entusiasmo e o viram partir na manhã seguinte com o mesmo desgosto da chegada. Nesse dia, 27 de abril, os homens almoçaram em um descampado perto da estrada. A visão dos soldados sentados sobre a relva ou recostados sob as árvores mais frondosas — com o uniforme puído e um cheiro rançoso de quarteleiros — era a de um grupo reduzido pelas asperezas da selva, e pelo medo da morte que dá dormir quase um mês nas fuças da guerrilha. O major Vallejo insistiu com o tenente Mojica que ele devia chegar a tempo com a tropa: "mova esse circo, Mojica." "Meu major", respondeu-lhe o tenente, "as pessoas estão doentes, tenho muitos homens feridos e castigados, não podemos avançar mais rápido." "Olha, Mojica", concluiu o major Vallejo, "traga essa gente como for, porque está pegando mal para o meu batalhão." Os comandantes das duas companhias ordenaram que, com o último bocado, a tropa avançasse sem demora até Puerto Amor, uma escala perigosa para soldados que avançam a pé e sem nenhum apoio. O major Loaiza continuava insistindo com Mojica e Sanabria, por radiofone, que o avanço estava lento e que se as companhias não apertassem o passo o risco de cair numa emboscada guerrilheira seria iminente. Sob esse temor, chegaram a Minas Blancas e continuaram a marcha.

Alguns soldados que encontraram na estrada vários caminhões estacionados em taberna pediram aos motoristas que levassem a tropa diretamente para o aeroporto de San Vicente del Caguán, já que havia entre alguns soldados a resolução de chegar ao terminal aéreo em cima da hora da saída dos Hércules militares para a brigada em Popayán, a fim de evitar uma revista no Batalhão Cazadores. Mas os caminhoneiros se recusaram a transportar os homens, e somente quando viram os maços de notas que vários soldados lhes ofereceram pelo serviço é que fizeram um trato de levá-los até as proximidades de San Vicente del Caguán. Ao descer do caminhão, outros suboficiais abraçaram os caminhoneiros e, longe do grupo, premiaram sua prontidão com mais dinheiro. Um dos donos dos caminhões teve a coragem de perguntar ao soldado as razões dessa generosidade: "e desde quando os soldados andam com tanto dinheiro?" O soldado olhou para ele com desconfiança e disse quando já estava se afastando: "desde quando a virgem apareceu para a gente, irmão." O soldado Sandoval tem certeza de que os caminhões foram decisivos para que a tropa chegasse a tempo ao batalhão e evitasse a inspeção obrigatória:

> *A contratação dos caminhões foi idéia de todos e não tivemos que discutir porque íamos direto para lugar nenhum e não tínhamos mais determinação para mais... inclusive, outros caminhões que saíram depois pegaram 20, 15 soldados e rumaram para San Vicente. Estávamos muito nervosos, não por não chegar a tempo no batalhão, mas pelo rumor que espalhara sobre a revista que nos fariam no Batalhão Cazadores... Realmente ficamos nervosos de que tirassem essa graninha que encontramos com tanto esforço... por isso, muita gente tornou a esconder bem o dinheiro e saímos para Popayán sem nenhum problema. Não teve revista, talvez tenha sido só um rumor, uma história inventada pela nossa própria gente para atrapalhar, para sacanear.*

Os 82 quilômetros seguintes que os separavam do aeroporto de San Vicente del Caguán foram feitos em três dias. Durante o trajeto, a tropa calculou chegar ao amanhecer, quando os Hércules estivessem prontos na pista, para não ter que pernoitar no batalhão e assim evitar a revista de rotina que os superiores fazem nas companhias após as missões especiais. Assim, eles descansaram mais do que devido na estrada e, quando tiveram certeza da aterrissagem dos aviões militares, apressaram o passo para chegar de manhã, passar ao largo do batalhão, sem se limpar dos estragos da guerra, e embarcar com a mesma pressa em um dos Hércules. Assim aconteceu ao pé da letra, mas todos estavam longe de imaginar o episódio de medo que viveriam a 30 mil pés de altura, a apenas 45 minutos da liberdade com que estiveram sonhando por um mês e quatro dias. As quatro companhias foram divididas e embarcadas nos três aviões militares às 10h15 da manhã. No segundo vôo e no terceiro, entretanto, estava a maioria dos soldados Abutre e Demolidor. O pacto de silêncio e a discrição que os soldados exigiram na selva estavam sendo cumpridos ao pé da letra, pois eles só falavam o necessário e apenas de rotinas militares; ou se queixavam das feridas em carne viva que a caminhada lhes deixara nos pés. Amarrados aos bancos laterais da aeronave, que os obrigava a viajar frente a frente, os soldados empreenderam a volta definitiva ao Batalhão José Hilario López, em Popayán, chamada "A Cidade Branca" por duas razões: suas casas coloniais caiadas e seu histórico caráter religioso. No segundo avião, o sargento Villa tinha notado, quando já se encontravam em pleno vôo, que o soldado Ávila tinha falta de ar e suava abrasado pela febre. Perguntou a ele se algo estava acontecendo, mas o soldado negou com um movimento brusco de cabeça.

O sargento, acostumado às reações psicológicas dos homens expostos a longos períodos de combate na selva, acreditou estar diante de um caso de pânico por estresse e informou ao comandante de vôo, mas ninguém deu importância aos nervos do soldado Ávila. Um suboficial, Iritzer, e um soldado, Giraldo, que estavam num dos extremos dos bancos repletos de homens, começaram a comentar a conduta do companheiro antes do desenlace:

— Esse cara — disse Iritzer — está ficando louco por causa da maconha, não olhe agora... Está muito fodido.

— Dizem — afirmou Giraldo —, que o cara sofre de transtornos mentais.

— Deve ser — completou um soldado que estava ouvindo a conversa — porque está chapado de droga, meu irmão.

Um instante depois, o soldado Ávila desabotoou seu cinto de segurança e, com uma granada de fragmentação na mão direita, saltou no corredor que separa as duas fileiras de bancos soltando um grito que deixou todo mundo em suspense: "vocês vão morrer!", dizia empunhando a granada com força, mostrando-a aos companheiros. "Puta merda, uma granada!", gritou o tenente Sanabria, lançando-se sem pensar para a parte de trás do avião. O comandante da Abutre, como exige o treinamento para proteção das explosões de granadas, se deitou de bruços, com os calcanhares juntos, e começou a contar, esperando a explosão: "mil e um, mil e dois, mil e três.!" Mas a detonação não aconteceu. Então, o comandante levantou a cabeça, enquanto um ajudante lhe disse: "e para que serve tanta manobra de proteção, meu tenente, se de qualquer maneira a granada explode e este avião vai à merda?" Ávila reagiu de

O TESOURO

novo: "onde está, ah, onde está, quem está com ela, quem?" "Do que você está falando, irmão? Acalme-se, acalme-se e me entregue essa coisa", pediu um soldado do fundo do avião. "Não, não, senhor, você não entende. Fale quem pegou meu embornal, quem pegou?" "Mas que embornal, irmão? Deixe de besteiras e passe pra cá essa granada, não vê que se essa coisa explodir morremos todos aqui? O que é isso, irmão?", disse um cabo sentado perto do soldado Ávila. Mas Ávila, lançando-se para trás, soltou a trava da granada e advertiu a tropa com a mão esquerda, que unânime emitiu um ruído de pânico e emudeceu a seguir. "Bela merda", disse um suboficial ao ouvido do seu companheiro de banco, "a guerrilha não nos matou em terra e sim este estúpido no ar." "Me dê essa granada, Ávila, dê a granada, irmãozinho", insistiu o cabo, aproximando-se do soldado, "podemos esclarecer esse assunto lá embaixo, irmão, já vamos aterrissar!" Mas o soldado, mais desesperado, insistia que lhe entregassem o embornal. "Olha, irmão", mostrou o cabo, "aqui está o meu, fique com ele, irmão, fique com ele, mas me dê essa granada." "Não, eu quero o meu, o meu, entendeu?" O comandante de vôo se manteve alerta à negociação do cabo, porém, sem mais alternativa, pediu que a tropa se segurasse aos bancos porque iam aterrissar. Foi nesse momento que o cabo e o soldado que tentavam convencer o soldado Ávila a entregar a granada saltaram sobre o homem, segurando sua mão direita para evitar que ele soltasse a arma. Mas era como tentar conter uma fera ferida, porque quanto mais homens se debatiam sobre o soldado armado, mais força este arrumava para tirá-los de cima. O cabo conseguiu pegar a granada com a espoleta em seu lugar e, enquanto vários homens seguravam o soldado pelas mãos e pernas, o suboficial se arrastou como pôde entre o emaranhado de embornais e material de intendência dispersos do corredor até a cauda do avião, onde sentiu o salto de canguru da aterrissagem e esperou que a porta se abrisse, sob o olhar atemorizado de seus companheiros, para sair em desabalada carreira pela pista do aeroporto e lançar a granada no terreno íngreme que circunda o terminal aéreo. O ruído das turbinas do aparelho sufocou a explosão, mas ainda assim vários suboficiais que se deram conta das peripécias da chegada foram ao local para esclarecer o ocorrido. A tropa desceu, enquanto o soldado Ávila, ainda atônito pela força que fizera no último momento e pela raiva, era levado para o tenente Sanabria. "Não sei o que me aconteceu, meu tenente, não sei!", disse Ávila ao comandante da Companhia Abutre. "Levem-no para a enfermaria", ordenou o tenente Sanabria. Um dos homens que descia do Hércules com vários embornais disse a um dos companheiros: "esse maricas quase nos mata porque lhe roubaram um embornal com cem milhões de pesos." Diante da oficial de Saúde da Brigada Móvel 6, a tenente Sara Patricia Reys, o soldado Ávila não deixou de chorar. A psicóloga interrogou-o e recomendou que ele dormisse e comesse bem. Em seu relatório, a oficial não mencionou nem o assunto dos esconderijos, nem que a reação de Ávila tivesse a ver com a perda de um embornal com dinheiro:

"em primeiro de maio, o soldado Ávila foi levado à enfermaria, por volta do meio-dia, em companhia de dois soldados e um oficial. Observei-o com lágrimas nos olhos. Conhecia-o porque era um paciente que vinha tratando anteriormente. Ao interrogá-lo, ele respondeu que não sabia por que tinha feito isso. Examinei-o, estava consciente, colaborou, mas estava assustado. Com sinais vitais estáveis, recomendei que comesse algo, que dormisse e que posteriormente conversássemos. O paciente apresenta um quadro clínico de estresse pós-traumático. Quando o conheci era normal e nunca tivera um rasgo de psicose; creio que o evento foi por uma mudança de pressão e pela claustrofobia que se vive em vôo; falei com ele, não se comportou de modo agressivo, nem desorientado, era coerente e a única resposta que me deu foi de que acreditava que iam matá-lo."

Os homens foram recebidos como heróis nas portas do Batalhão José Hilario López por um grupo de estudantes e habitantes do povoado, que, sabendo da missão dos soldados de sua brigada na antiga zona desmilitarizada de El Caguán, lançaram vivas à sua passagem e os tocavam para saudá-los. A tropa, cada vez mais comovida pela glória repentina, desceu dos caminhões para autografar os papeizinhos que um grupo de estudantes admiradas lhes entregou. O soldado Carlos Rubio Sotelo não tornará a lembrar daquele regresso sem que seus olhos embacem:

*Na entrada do batalhão, lembro bem, umas meninas nos receberam com aplausos e gritos; quando entramos, várias de-*

*las gritavam atrás dos caminhões e nos saudavam e nos tocavam como se fôssemos grandes personagens. Isso nos emocionou porque foi algo bonito. Ao fundo, soava a banda de um colégio. Lá dentro somos recebidos e nos dizem que somos bem-vindos à sua brigada, nos felicitam pelo nosso desempenho, dizem que somos uns heróis e toda essa coisa; pois bem, foi algo muito bonito... Eu até assinei uns papeizinhos para várias delas.*

O segredo até então tinha passado invicto pela briga do avião; entretanto, os comandantes do Batalhão José Hilario López mandaram o major Vallejo receber a tropa para tirar qualquer dúvida sobre a conduta do soldado Ávila. A Companhia Demolidor completa ficou em formação nas instalações da guarnição militar, ante o olhar receoso do major Vallejo, que, logo depois de observar seus homens de cima para baixo, convocou-os para as seis da tarde a fim de fazer um relato definitivo a seu superior, o coronel Gaitán, comandante da Brigada Móvel 6, que assistiria à revista. Ao chegar a hora, faltavam 23 soldados na Companhia Demolidor. O tenente Mojica informou a situação ao major Vallejo antes que o coronel Gaitán aparecesse. "Forme a fila, Mojica", disse Vallejo, "deixe assim, que resolveremos isso entre nós." A companhia estava formada em "U", com o coronel Gaitán plantado no centro. Enquanto o oficial falava com a tropa, ao longe surgiram alguns dos soldados faltantes. O major Vallejo, o tenente Mojica e outros oficiais que permaneciam firmes ao lado do coronel Gaitán se arrumaram como puderam e com gestos mandaram que os soldados se escondessem para evitar a fúria do superior, que não notou a falta dos 23 efetivos e retirou-se satisfeito para o escritório, enquanto o major Vallejo, enfurecido, assumia a situação fazendo os 23 homens entrarem na fila.

"Mojica", disse ao Comandante da Demolidor, "leve esse circo para longe da minha vista e amanhã os espero formados às seis!" Mas naquela manhã de dois de maio, a sensação entre os altos oficiais de que algo estranho estava acontecendo com as companhias Abutre e Demolidor ficou evidente. O coronel Gaitán recebeu parte do batalhão, mas no final chamou o tenente Mojica de lado: "me diga uma coisa, Mojica, você sabe do dinheiro escondido?" "Negativo, meu coronel!", respondeu Mojica imediatamente. O coronel Gaitán mediu a estatura do seu subalterno com um olhar glacial: "tenente: você sabe quantos soldados estão faltando nesta companhia?" Mojica guardou um silêncio reverencial. Então, o oficial mandou chamar o seu par, o coronel Pinilla, e ordenou que ele estabelecesse o paradeiro dos 30 soldados remissos e interrogasse os restantes um por um. "O dinheiro dos esconderijos vai aparecer!", sentenciou o coronel Gaitán ao ouvido do tenente Mojica. As companhias Águia e Cobra, que nunca receberam um único peso da partilha, também foram interrogadas, e desde então ficou claro para o resto do batalhão que os Abutre e Demolidor eram donos da maior fortuna encontrada no mundo por um grupo de soldados em combate. Nesse instante, Wilson Alexander Sandoval soube o que devia fazer com as notas que tinha escondidas no fundo do seu embornal:

*No primeiro dia, depois de chegar ao batalhão, eu saí e deixei o dinheiro em um cômodo que aluguei numa casa em Popayán e de noite voltei lá pelas nove da noite e me mandei para Bogotá com isso. Eu tinha pedido permissão para sair, mas, como não me deram, então eu me mandei sem permissão de ninguém e saí do batalhão para não dar mais moleza com esse dinheiro por aí. Quando cheguei a Bogotá peguei o dinheiro e enterrei por lá, em um lote que tenho numa invasão. Fiquei pensando: "onde enterro o dinheiro, onde enterro o dinheiro?" e então decidi enterrá-lo debaixo da cama da choça, mas pensei: "não, estou dando mole", então olhei para os lados e vi a casa do cachorro, e então pensei: "vou enterrar meu dinheirinho debaixo da casa do melhor amigo do homem, porque esse animal não vai me roubar." Foi quando o enterrei debaixo da cama do cachorro como quem não quer nada, e ali o deixei porque era difícil que o encontrassem nesse lugar, até que os investigadores o tiraram dali quando me capturaram. Entretanto, eu me mexi rápido com o dinheiro e o tirei do batalhão porque com todas essas ameaças de vários membros das companhias A e C, que não ficaram com nenhum dinheiro, era muito complicado permanecer no batalhão, e com todas as investigações e inspeções que faziam nos dormitórios, então na verdade eu não estava seguro com o dinheiro ali. Além disso, sempre foi minha idéia tirar o dinheiro do batalhão e continuar no exército mais uns dois anos até que saísse a minha transferência para Bogotá para depois pedir baixa e sair bem, íntegro. Mas a coisa não saiu como pensei. Depois de esconder o dinheiro e ficar uns dias por aí dando umas voltinhas, voltei para o batalhão e me deixaram uma semana na enfermaria à base de soro, me recuperando da tremenda diarréia que me deu.*

O TESOURO

A partir desse momento, começaram as ameaças dos que saíram da selva com as mãos vazias. Os homens Águia e Cobra aproveitaram o silêncio dos dormitórios e a intimidade dos banhos, sob os chuveiros, para mandar as mensagens de morte a quem se negasse a compartilhar o dinheiro encontrado. Nos banheiros do clube dos suboficiais do batalhão, o sargento Barón foi testemunha da conversa de dois soldados que não pôde identificar porque, escondido em seu cubículo, subiu no vaso para evitar ser visto por um dos homens, que disse ao outro baixando a voz: "e aí, irmão, vai perder a chance no negócio?... os irmãos do batalhão contraguerrilha estão pagando muito bem para quem der um jeito no cabo." Ao que parece as ameaças recrudesceram nos dois primeiros dias da chegada da tropa ao batalhão. Logo após uma revista, o cabo Ramírez fez uma confissão ao soldado Mena, que ficou sem fala: "cara, estou preocupado, soube que uns soldados do batalhão estão pagando para outros me matarem." O soldado Mena, um negro de 1,90m de altura, respondeu com uma voz amedrontada que deixou claro a encruzilhada que ia desviar a tropa desde então: "são alguns caras das companhias A e C... o que vamos fazer?" As ameaças ocorriam a toda hora e sem maiores considerações: "diga aos filhos-da-puta das A e D, que se eles não soltarem um dinheiro nós vamos matá-los." E os que recebiam as ameaças chegaram a ter mais medo dentro da guarnição do que quando em combate, e assim o confessavam a seus cúmplices: "cara, se não cairmos fora daqui vão nos matar, tenho certeza de que vão nos matar." A situação se complicou para os soldados milionários em menos de 24 horas. Por isso, quem saiu do batalhão com permissão rumo ao centro de Popayán não voltou mais, e os que retornaram só entraram na guarnição militar com o propósito de insistir na baixa e obter uma saída honrosa. Nos primeiros três dias de maio saíram do batalhão José Hilario López 69 homens, entre desertores e reformados, cuja falta atrapalhou as filas, esvaziou os dormitórios e deixou missões pendentes porque não havia forças disponíveis suficientes para realizá-las. Enquanto as tensões aumentavam a temperatura no batalhão, nas ruas da cidade os soldados remissos e reformados protagonizavam o esbanjamento amalucado que imaginaram em tantas noites de insônia na selva. Os homens das companhias Abutre e Demolidor, divididos em grupos, tomaram o comércio da cidade, esvaziaram seus bolsos em lojas de aparelhos elétricos, compraram correntes e anéis de compromisso sem regatear, trocaram dólares por pesos colombianos com tanta freqüência e naturalidade que os comerciantes de Popayán, crentes e beatos, fizeram o sinal-da-cruz, agradecidos pelo bom augúrio que punha fim à pior crise econômica do município nos últimos anos. "É um milagre de Deus!", diziam alguns, enquanto recebiam as notas novas das mãos de uns soldados que ainda cheiravam a pólvora. O aspecto montanhesco dos soldados em grupo que percorriam o centro da cidade era tão evidente, que para os habitantes foi difícil perder o rasto dos homens nos dias seguintes, e por isso na lembrança de todos permanece indelével a imagem indigente de muitos deles, entrando nos mesmos salões de beleza das mulheres aos domingos, extasiados com o aroma de limpo do xampu e com o cheiro adocicado do pescoço das cabeleireiras, a quem se entregaram durante horas para que elas lhes cortassem o cabelo e as unhas, e os acalentassem com massagens, que se repetiam em troca de muitas notas. O mais curioso, recordaria uma das cabeleireiras que atendeu vários soldados, era a ânsia desmedida destes homens para se livrar do cheiro de quartel e converterem-se em senhores num piscar de olhos. Em uma única barbearia foram atendidos em um dia 15 soldados, que chegavam impacientes, com a etiqueta ainda pendurada na roupa nova e as botas trazidas da campanha. Ali mesmo onde tratavam dos pés, eles calçavam os tênis de marca e abandonavam os sapatos velhos. Outros se faziam lambuzar os braços com cremes hidratantes e pediam máscaras nutritivas para ajeitar o rosto curtido. Em uma perfumaria, conta um dos comerciantes de Popayán, um soldado magro de cara triste atirou-se sobre um frasco de pachulí e bebeu a metade de outro, desesperado que o cheiro de couro de cavalo que o perseguia viesse de suas entranhas. No meio do frenesi das compras, como que por magia, os homens viram que as notas imprestáveis na selva recuperavam o seu valor na cidade. Em qualquer esquina era comum naqueles dias ver um soldado examinando sua roupa com uma avidez que pouco a pouco se tornou suspeita, ou grupos inteiros caminhando pelas ruas com sapatos novos e parecidos, ou homens de cabeça raspada que enchiam táxis de artigos elétricos, enquanto deixavam gorjetas substanciosas nos diferentes locais. Apesar do que um vendedor de televisores ou aparelhos de som desprevenido pudesse achar, muitos soldados, como Fredy ou Carlos, compraram eletrodomésticos grandes não com o intuito de conseguir alta resolução ou um som de qualidade, mas com o propósito de ter espaço suficiente para guardar o dinheiro nas entranhas desses equipamentos. Fredy Alexander Rojas não se arrepende da decisão que tomou nesse dia:

*Quando vi que todo mundo estava indo, comecei a me preocupar e pensei: "esses caras já estão se espalhando muito." Eu peguei o meu e me mandei. Comprei um aparelho de som e o escondi num hotel, voltei para o batalhão onde me dei conta de que ainda não tinha acontecido nada. Às seis da tarde, saí de novo, comprei uma passagem de ônibus e fui para Bogotá. A gente pode sair e entrar de um batalhão quando desejar porque somos soldados profissionais e já sabemos o que temos de fazer ao assinar o passe. Isso era engraçado porque tive de pagar passagem para o aparelho de som para levá-lo ao meu lado: grande como era, e carregado com tanto dinheiro, não deu outra! Cheguei a Chiquinquirá, à casa dos meus pais, onde deixei o dinheiro escondido nos alto-falantes do aparelho de som e saí para Bogotá, onde tomei umas e saí com umas donas e retornei depois, de avião, a Popayán, onde alguns companheiros continuavam comemorando nos botequins da cidade. Fui com eles porque me convidaram para uns uísques. Imagine com todo esse dinheiro que eles tinham: fecharam alguns puteiros e pagaram para algumas donas até 500 mil pesos por uma, como se diz vulgarmente, trepada. Quando retornei ao batalhão, faltavam 86 pessoas, e foi aí que decidi que ia pedir a baixa antes que me capturassem, para sair pela porta da frente, e pedi a baixa, sim senhor, chegaria em 13 de maio, ou seja, eu fiquei mais uns seis dias, não mais. Quando pedi a baixa me disseram que fosse para casa e que lá eu a receberia. Assim o fiz e fui para Chiquinquirá preparar os planos para comprar a casa e montar um negocinho para começar uma nova vida.*

O soldado Carlos Rubio Sotelo está disposto a cumprir a condenação que a justiça lhe impuser com a condição de salvar os 50 milhões de pesos que tirou da selva e que levou para a casa de seus pais, em Vila da Leyva, em Boiará, dentro de um televisor de 21 polegadas:

*Eu peguei o televisor e contratei um táxi até Bogotá. Já na capital fui até Vila da Leyva de ônibus e cheguei em casa com o televisor. Naquele momento eu não disse nada aos meus pais. A única coisa que contei foi que tinham me dado permissão e que vinha visitá-los, mas que não me podia demorar. Eles pensaram que o televisor era um presente e ficaram contentes. Então tive de dizer que era um presente, sim, mas que por nada no mundo podiam mexer nele. Que esperassem até que eu voltasse. Retornei a Popayán, pedi minha baixa e voltei para casa.*

Em uma loja de sapatos, cujo proprietário é o sargento major reformado Enrique Suárez, uns soldados compraram três milhões de pesos em calçados, que pagaram com dólares. Os homens compravam segundo o tamanho, e deixavam o estilo por conta do catálogo do lugar, de maneira que, se o local tivesse seis estilos de sapatos do tamanho que necessitavam, eles compravam de todos os estilos. As mulheres que entravam ou passavam pela loja serviam de modelos para a compra de sapatos para suas noivas ou esposas. Um dos soldados, que tinha pedido permissão ao dono do local para trocar de roupa, entregou-lhe uma roupa de camuflagem, um par de botas velhas e uma maleta. O sargento reformado olhou com desconfiança as coisas que os homens deixaram a seu cargo e viu que a roupa militar tinha o sobrenome do "Giraldo" gravado e o emblema da Brigada Móvel 6. Mas sua surpresa foi maior quando, ao abrir a maleta, descobriu que ela continha dólares suficientes para comprar todos os sapatos de dez lojas maiores que a sua. No dia seguinte, os soldados retornaram pela maleta e quando o militar reformado perguntou o que fazer com a roupa de camuflagem, os homens responderam: "essa porra já não nos serve, porque agora somos civis." Os investigadores estabeleceram que um dos soldados, de nome Giraldo, confessou a seu cupincha de esconderijo que parte dos dólares recolhidos no El Coreguaje ele iria destinar a uma cirurgia tão delicada que não podia contar os detalhes. Ante a insistência do companheiro, o soldado Giraldo confessou a verdade: "vou investir esse dinheiro numa operação de mudança de sexo, meu chapa." Alguns homens, como o soldado Carlos Arturo Ulloa, fizeram tudo sozinhos e foram para a cidade sem ânsia, compraram roupa e sapatos; foram aos bordéis e partiram para a fronteira equatoriana, onde, por poucos dólares, compraram motocicletas e até automóveis.

Os soldados iam e vinham do batalhão com a mesma facilidade que percorriam a cidade cheios de dinheiro. Em uma reunião convocada de forma extraordinária na guarnição militar, o coronel Gaitán ordenou a seus oficiais que intensificassem os esforços para esclarecer de uma vez por todas as identidades dos homens que estavam enriquecendo os comerciantes de Popayán e investigar os soldados remissos ou quem tivesse solicitado baixa por aqueles dias. A preocupação dos altos oficiais crescia a cada instante, pois a unidade militar estava minguada em 50% e quanto mais a Central de Inteligência do Exército indagava entre os poucos soldados das duas companhias comprometidas no roubo dos esconderijos, mais cresciam as ameaças de morte entre a tropa contra os oficiais que lideravam a investigação. Isso explica por que as compras excessivas na cidade nunca tenham caído de ritmo, apesar dos esforços de quem averiguava. Mais ainda, os comerciantes de Popayán, temerosos de que o repentino auge de dólares correspondesse a uma avalanche de notas falsas, decidiram aceitar somente moeda nacional, pelo que os soldados tiveram de vender dólares em quantidades incomuns para os cambistas, que comprovaram a autenticidade das notas, mas nunca tiveram certeza quanto à sua procedência. Um único suboficial trocou em um só dia seis mil dólares, enquanto outros passavam pela mesma casa de venda de divisas duas ou três vezes em uma jornada, conforme iam gastando a fortuna. Embora os investigadores tenham detectado que nove soldados venderam dólares em uma única casa de câmbio, foi impossível estabelecer as quantias porque, segundo exceção da lei, os homens nunca ultrapassaram o patamar que obriga a justificar a procedência do dinheiro e, como era de se esperar, saíam grandes somas de dólares ao longo de várias transações menores.

Mas onde os ânimos se alteraram e os homens gastaram sem reservas foi no Kaliente, no Ponto Trinta e no Casandra, três prostíbulos cujo prestígio e reputação são bem conhecidos dos taxistas da "Cidade Branca", já que foram eles que levaram a esses lugares, e por fartas gorjetas, as hordas de novos-ricos. As noites dos primeiros dias de maio se converteram para os soldados no escape após tantas privações. Os que não dormiram na selva imaginando o momento de pular num colchão macio ao lado de uma prostituta e os que estavam dispostos a pagar o que fosse para tomar uma garrafa de uísque na selva disputaram os melhores lugares destes bordéis com ordens insolentes e pedidos extravagantes, que os administradores e as trabalhadoras acabaram atendendo à vista dos maços de dinheiro. Tinha chegado o dia tão esperado e eles não o iriam desperdiçar com mesquinharias, nem reservas morais. Os mais ousados exigiram das prostitutas uma companhia exclusiva e permanente, dispostos a pagar os favores com as tarifas mais altas. Com esse trato eles passaram a contar com um harém permanente, que tinha seu preço incrementado toda vez que os caprichos dos homens saíam de controle. A ginástica começava cada dia mais cedo em tais bordéis, pois os soldados, privados dos prazeres na selva, careciam de medida e eram arrastados por um novo apetite assim que os velhos eram saciados. Assim, eles chegavam antes do anoitecer para se saciar melhor, mas acabavam ficando para dormir e acordar cedo para continuar o que tinham começado no dia anterior. Para a única prostituta que se atreveu a suportar semelhante quarentena sexual, um soldado pagou 6 milhões de pesos. Outras confessaram meses depois, durante as investigações para este relato, que alguns soldados as pediram em casamento com o argumento de que se aceitassem não teriam que suportar mais bêbados em suas vidas. Em uma de tantas noites no Kaliente, o grupo de soldados gastou 30 milhões de pesos (uns dez mil dólares) em bebida, comida e mulheres.

Dessa vez o dono do lugar e os garçons descobriram, graças às conversas imprudentes dos soldados mais bêbados, de onde provinha a fortuna que os homens dilapidavam nos bordéis toda noite. A tropa estava cercada por várias mulheres:

— Meu cabo — disse um dos soldados —, não se preocupe se o dinheiro acabar. Vamos ao El Coreguaje, procuramos os esconderijos e trazemos mais...

— Sim, claro, mas que primeiro a coisa se acalme por lá, e se você me acompanhar, vamos o quanto antes.

— Meu cabo, você voltou a enterrar o resto do dinheiro dentro das bolsas plásticas?

— Não, cara, somente dentro das vasilhas...

— Fez mal, meu cabo, porque a umidade pode estragar esse dinheiro... Foi por isso que a guerrilha o guardou dentro das bolsas e jogou veneno nas vasilhas para que os insetos não furassem os sacos e entrasse água...

— Olha, cara — completou o cabo —, esse dinheiro esteve aí por muito tempo e pode nos esperar mais um pouquinho...

Nos dias seguintes, os garçons infiéis convenceram vários taxistas e estes, por sua vez, a vários guias peritos em encontrar *guacas*, para ir à selva do El Coreguaje, até o local onde acreditavam — pelo relato dos soldados bêbados — que se encontrava o resto da fortuna que a tropa não pôde carregar. O auge do dinheiro fácil se espalhou como uma epidemia em Popayán e foram formados grupos de expedicionários que até o dia de hoje ninguém viu retornar à cidade, com exceção do garçom e do taxista, que os amigos viram perder suas economias e o táxi de toda uma vida.

No batalhão, a tropa restante, a mando do tenente Sanabria, foi reagrupada em uma nova companhia e enviada a Páramo del Puracé para realizar uma patrulha de oito dias, em que os soldados, carcomidos pela inveja do dinheiro dos Abutre e Demolidor, tornaram a fazer suas ameaças e provocaram uma virada nesta história. Fredy Alexander Rojas foi vítima de ameaças:

*Os sujeitos protestavam por não ganharem algum dinheirinho. Não eram apenas os olhares acusadores nos corredores ou nos dormitórios. Aí era quando eu pensava: "fiz o esforço de caminhar de El Coreguaje até San Vicente del Caguán com essa grana, mais de cem quilômetros, e não o fiz por inveja, mas por necessidade, então não devo me sentir mal por não repartir meu dinheiro entre os meus amigos de tropa." Além disso, vamos dizer que eu desse cem mil pesos a um companheiro: eu demoraria mais para entregar-lhe do que ele em ir torrá-los em qualquer puteiro de Popayán. Por isso não dava dinheiro a ninguém, embora as ameaças fossem permanentes. Porque eu sempre pensava que com essas notas é que ia melhorar a vida da minha família.*

Os membros das companhias Águia e Cobra se convenceram de que uma operação de poucos dias em alta montanha contra a guerrilha, onde a assistência por helicóptero é quase impossível, era ideal para obrigar os soldados mais desmoralizados da Abutre e da Demolidor a redividir o butim. Nos poucos dias de patrulha no Páramo, e em meio ao perigo constante de serem emboscados pela guerrilha, o tenente Sanabria convocou uma reunião para pôr um fim às ameaças dos A e dos C, mas a situação piorou. Antes ou depois de cada combate iniciado pela guerrilha (tedioso e letal, pois na montanha um enfrentamento chega a durar várias horas e quase sempre quem ataca primeiro domina a situação), os revanchistas lembravam aos soldados milionários que não os apoiariam no fogo cruzado e que se a guerrilha os ferisse, eles mesmos terminariam o serviço. Assim, os soldados dos esconderijos estiveram oito dias em meio ao frio, defendendo-se da guerrilha e dos próprios com panheiros de batalhão. "Se matarem você aqui", diria um soldado Águia a um Abutre, "não vai desfrutar da grana, irmão, portanto divida, divida." Uma conversa entre o tenente Sanabria e o capitão Iritzer, em um dos descansos no páramo, pressagiou o final que a tropa milionária teria:

— A coisa está se complicando com a coisa do dinheiro — disse Iritzer.

— Isso é pura briga de rapazes, inveja de que uns tenham recebido a baixa e outros não...

O capitão Iritzer olhou ao redor para ter certeza de que ninguém os observava:

— Se o que dizem é verdade, esses soldados encontraram foi muito dinheiro... E a gente com tantas necessidades por aqui e sem nenhum peso. Eu, por exemplo, tive de vender meu carrinho Volkswagen para pagar umas dívidas e nem assim pude resolver o problema com minha esposa... acho que o meu casamento vai se desmanchar e, como você pode ver, estou fodido no meio do monte e sem nenhum peso...

— Essa é a vida do soldado, meu capitão — respondeu Sanabria —, eu tenho que ir porque agora a tropa vai me perguntar o que estávamos falando aqui...

— Ora — interrompeu Iritzer —, por que tanto medo? Por que você não me dá uma ajudinha, Sanabria?

— Vou embora, meu capitão, porque se as ameaças forem de verdade, essa gente é capaz de me matar também.

Em dez de maio a tropa retornou ao batalhão José Hilario López de Popayán.

Por aqueles dias, o alto-comando realizava inspeções relâmpago nos dormitórios em busca de dinheiro, guiado pelas denúncias de alguns soldados que, diante das ameaças e pressões, decidiram entregar o butim. O coronel Gaitán mandou estender no chão o material de guerra e intendência das duas companhias implicadas no roubo e encarregou dois homens de não deixarem nenhum bolso sem ser esvaziado e dobra sem ser inspecionada. Dentro do saco de uma rede, os investigadores encontraram 15 mil dólares, quantidade suficiente para pôr fim aos alarmes no exército sobre a descoberta e o desaparecimento do maior esconderijo guerrilheiro da história. Entretanto, em meio à tormenta desatada pelo roubo dos esconderijos, os oficiais do batalhão jamais esquecerão a incômoda alegria com que o soldado Sampedro, um dos homens que levou a melhor parte da divisão em dólares, chegou para a guarda numa manhã, conduzindo uma caminhonete Ford Explorer, com um sorriso ingênuo de orelha a orelha e uma atitude de ganhador da loteria. "Venho solicitar minha baixa", disse a um dos oficiais, que se encontrava sentado em um dos escritórios. O estranho foi que o soldado Sampedro obteve a baixa e saiu do batalhão com a mesma alegria que entrou e nunca mais foi visto, embora seus companheiros de esquadra jurem que está com os paramilitares do Magdalena Medio. Em contrapartida, o soldado Carlos Rubio Sotelo jamais esquecerá o ambiente rarefeito que encontrou ao retornar ao batalhão, depois que deixou seus 50 milhões de pesos a salvo em sua casa de Villa da Leyva:

*O que mais me surpreendeu ao chegar ao José Hilario López foi que não havia ninguém, o batalhão estava vazio. Olha: em uma formação, só estávamos quatro membros da minha companhia, o resto era outro pessoal. Alguns membros do Batalhão Contraguerrilha Número 60, que também pertence à Brigada Móvel 6, me disseram: "o que você está fazendo aqui, estúpido, olha que a coisa já esquentou e já se soube o que foi que aconteceu, você deveria desaparecer." Eu lhes disse: "do que vocês estão falando? Homem, eu não vou, não devo nada a ninguém." Outros me diziam que lhes desse algum e eu respondia que não sabia do que estavam falando. Então foi aí que me ameaçaram: "olha, estúpido: é melhor você se cuidar e veja lá o que vai fazer." Com tudo isso, então, a única coisa que me ocorreu foi pedir baixa e sair rápido do batalhão. Mas, no momento, o coronel Pinilla não quis recebê-la naquele momento e, então, eu lhe disse: "solicito minha baixa, coronel, porque não agüento mais isso aqui, quero ir." Então, me disse: "pronto, vá para que lhe façam todo o trâmite e pronto." Dei minhas voltas e voltei ao coronel Pinilla, que me disse: "a baixa chegará no dia 20 de maio. Enquanto isso, vá para a área."* Eu me contive e disse a ele: *"não, meu coronel, justamente porque não quero ir para a área é que estou pedindo baixa, não quero continuar patrulhando, o que quero é ir para a civil porque tenho um problema."* O coronel me disse com raiva: *"bem, soldado, se você não quer ir para a área, então é melhor que vá para casa, vá, não quero vê-lo aqui dentro do batalhão, você já não nos serve para nada. A baixa chegará para você lá."* Apenas me disse isso, então eu imediatamente saí do batalhão.

Consciente do desenlace que teria a ousadia dos 147 homens das duas companhias, o soldado Carlos Arturo Ulloa terminou suas compras na cidade por aqueles dias, passou por um dos bordéis de sempre, comprou uma motocicleta de segunda mão por 4 milhões de pesos e partiu para casa com algumas garrafas de uísque, para se embebedar e esperar, na frente do televisor, a notícia do roubo da *guaca* das Farc, que surpreendeu o mundo. Do Palácio de Nariño em Bogotá, onde fora convocado para o conselho de segurança pelo presidente Álvaro Uribe, o Comandante do Exército, general Carlos A. Ospina lhe expôs ao país aquele 19 de maio e relatou os detalhes de como seus homens se converteram em ladrões nas selvas do El Caguán. O soldado Fredy Alexander Rojas, que se encontrava na casa de seus pais em Chiquinquirá a ponto de começar uma nova vida, também estava diante do televisor:

*Nesse dia vejo meu general dizendo que nós éramos uns ladrões, que tínhamos roubado um dinheiro, que tínhamos encontrado uns esconderijos e, em vez de informá-los, tínha-*

*mos roubado isso. Me doeu na alma que me chamassem de ladrão. Foi aí que eu refleti e me disse: "antes de mais nada não sou nenhum delinqüente, nunca roubei ninguém e se tiver roubado, roubei pouquinho, talvez uma guloseima, para que venham me tratar de ladrão e que a lei venha me perseguir." Então, fui ter com outro amigo e disse que ia me entregar, e o sujeito me disse que ele também ia. Por isso, fomos e nos entregamos à escola de suboficiais, nos trataram bem e tudo o mais, e eu disse a eles que, se tinha cometido uma falta, embora eu saiba que não cometi nenhuma, mas disse que, se tinha cometido, a forma de me redimir era entregando toda essa coisa, e disse a eles onde ela estava e eles vieram a Chiquinquirá e destamparam o aparelho de som e recolheram o dinheiro. Quando vi como o exército nos tratou na frente das câmeras ao nos chamar de ladrões, senti como se me tivessem dado um pontapé no traseiro e me desiludi mais com exército... Como se eles não precisassem da gente ou como se a gente não tivesse contribuído em nada. Com razão é que dizem, lá no exército: "se você se for das fileiras hoje, amanhã chegam mais cem soldados." Por isso penso que os soldados que ainda estão fugindo não foram burros de se entregar, mas só posso dizer agora que, depois de tanto tempo, apesar de estar esperando que nos dêem uma sentença justa, eu já posso dormir tranqüilo.*

O anúncio desencadeou uma série de capturas por parte da fiscalização e provocou a rendição de muitos suboficiais, mas, além disso, pôs em perigo as famílias dos soldados envolvidos no roubo, que mais adiante receberam toda espécie de ligações ameaçadoras por parte de delinqüentes comuns, em que exigiam a entrega do dinheiro dos esconderijos em troca de lhes conservar a vida. A notícia sobre o roubo da *guaca* das Farc, que ocupou durante uma semana as manchetes do país, também provocou situações difíceis, como a vivida pelo soldado José Uribe Santander, que garante que teve de pôr fogo no dinheiro no quintal de sua casa, diante das reiteradas visitas de grupos armados, que lhe exigiam uma boa quantia para não matar sua família. Os agentes da fiscalização percorreram departamentos do país na pista dos soldados remissos e de alguns que gozavam de sua baixa para capturá-los. Em operações simultâneas que duraram várias semanas, a fiscalização conseguiu capturar 60 dos 147 soldados e levá-los a diferentes cárceres em guarnições militares, onde eles ainda permanecem acusados por roubo ao Estado e à espera da sentença. Carlos Rubio Sotelo garante que, antes da sua captura em sua própria casa em Vila da Leyva, recebeu uma visita inesperada:

*Uns dias antes que a fiscalização chegasse para me capturar, um grupo armado que se identificou como da guerrilha chegou à minha casa e, apontando pistolas na cabeça da minha família, perguntou onde eu escondera a* guaca, *que eles sabiam de tudo o que tinha acontecido nas selvas de El Caguán. Não me restou outra coisa a não ser entregar a eles o televisor com o dinheiro para evitar que matassem meus pais. Depois chegaram os da fiscalização e me capturaram e me perguntaram do dinheiro, mas eu já não tinha nada.*

Quem esperou a chegada dos agentes do CTI da fiscalização sentado no sofá de casa teve tempo suficiente para desenterrar a fortuna do quintal e comprar a casa com que sua família tanto sonhara ou para investi-la em diferentes propriedades, como um soldado filho de camponeses, que deu de presente um imóvel de cultivo a seus pais com parte dos dólares que um companheiro lhe deu porque não lhe cabiam mais notas no corpo. Muitas esposas na posse de suas casas ou apartamentos novos viram seus companheiros saírem para o cárcere ou em fuga, resignadas com uma solidão de vários anos a fim de proteger o dinheiro e sair da pobreza. Foi o que pude ver nos olhos de três mulheres nas averiguações para este relato, cujos maridos confessaram que estavam dispostos a passar dez anos encerrados numa prisão militar, se com isso dessem para a sua família o que tantos anos no exército nunca lhes deu.

Uma delas, luzindo com correntes e braceletes de ouro, disse-me enquanto percorria a casa nova no sul de Bogotá: "pense nisto: se o meu marido tivesse caído numa mina antipessoal, você acha que o estariam perseguindo como estão fazendo agora? Assim como meu marido encontrou esse dinheiro, poderia ter pisado em uma mina, então que o deixem em paz, porque o único pecado que ele cometeu foi pegar umas notas que não eram de ninguém. Uma mina ou uma *guaca* é a mesma coisa para um soldado." O soldado Luger Díaz, membro da Companhia Abutre, foi capturado pelo Corpo Técnico de Investigações (CTI) da fiscalização em um restaurante de frangos em Aguachica, Cessar, quando almoçava com sua esposa. Os agentes do CTI algemaram-no sem nenhuma explicação diante da surpresa da família do soldado. Luger Díaz recorda: "foi meu último bocado em liberdade, irmão, não me deixaram nem lavar as mãos, trataram-me como um delinqüente." Para sua esposa, que voltou a vê-lo um mês mais tarde num cárcere militar, o que mais a indignou nessa história foram as afirmações que os jornais fizeram sobre o seu marido naqueles dias: "capturaram o meu marido em um restaurante onde ele almoçava comigo, não em um bordel, como publicou a imprensa, que disse que o meu marido tinha dado a uma mulher da vida fácil 6 milhões de pesos por uma noite. Você acha que a gente conhecendo uma pessoa há sete anos, que é o tempo que temos juntos, não vai colocar as mãos no fogo por ela? Não senhor, meu marido foi capturado aqui comigo, não repartindo dólares com putas, nem dando comida para todo mundo. Imagine: não deixaram o pobrezinho nem almoçar!"

O vaivém dos acontecimentos que levaram o exército a perseguir seus soldados envolvidos no roubo dos esconderijos, logo após ignorar por várias semanas o fato vivenciado nas selvas de El Caguán, reproduziu-se dentro das fileiras guerrilheiras, mas de maneira inversa, pois os subversivos responsáveis por guardar as notas enterradas, sim, avisaram o seu Secretariado do golpe dado pelo exército. Mas o silêncio dos altos oficiais sobre a descoberta — que na realidade era um desconhecimento do ocorrido — gerou a desconfiança e o paradoxo dentro da guerrilha, que levou este grupo a cometer um grande engano do qual ainda não conseguiu se recobrar. Um dos responsáveis por cuidar dos esconderijos, Joaquín Gómez, que fez parte das mesas de diálogos com o governo do presidente Pastrana, e apelidado de "El Paisa", comandante da coluna móvel Teófilo Forero, recebeu a notícia, por parte de uma guerrilheira de nome María, de que o exército tinha encontrado o dinheiro enterrado. O chefe militar das Farc, o Mono Jojoy, também foi informado do golpe. Na reunião extraordinária do Secretariado do agrupamento rebelde o erro cometido foi reconhecido e todos se prepararam para o desdobramento publicitário que o governo do presidente Álvaro Uribe daria ao que, com certeza, chamaria de "o maior golpe às finanças das Farc" e que incluiria condecorações e menções honrosas aos soldados do batalhão vitorioso. Mas com o passar dos dias nada disso aconteceu. Entretanto, conforme puderam registrar os oficiais da inteligência militar deslocados na região nessas ocasiões, os comandantes das Farc acharam que se a vitória do exército não tinha sido publicada era porque os soldados ainda estavam saindo da difícil zona do El Coreguaje. Esgotado um compasso de espera de três semanas, as Farc decidem iniciar um julgamento revolucionário contra três guerrilheiros acusados do roubo dos esconderijos. Os comandantes não estavam dispostos a permitir um roubo desses dentro das fileiras do agrupamento rebelde. Segundo a versão de um guerrilheiro que aceitou o plano de reinserção do governo, os três homens foram fuzilados poucos dias antes que o general Carlos A. Ospina, Comandante do Exército, decidisse reconhecer diante das câmaras de televisão que seus homens tinham roubado os milionários esconderijos das Farc. Cinco meses após capturas, perseguições e ameaças, o pesadelo para os que continuam em um cárcere militar à espera da sua sentença e para quem continua fugindo, dentro do país ou fora dele, não terminou. Os investigadores não deixam de trabalhar um segundo, pois o exército não descansará, conforme o sustentam os altos comandos militares, enquanto não capturar o último soldado e sentenciar os que esperam o dia do julgamento nos cárceres de diferentes guarnições do país. Mas até que ponham atrás das grades todos os soldados e os façam confessar, e consigam estabelecer a cifra — que parece impossível de determinar — do dinheiro que as duas companhias tiraram da selva naquela Semana Santa alucinante, os agentes de inteligência do Exército sabem que nada dentro das fileiras voltará a ser o que foi. Porque todos, do oficial de classe maior até o último recruta, têm certeza de que a história da instituição se dividiu em duas, antes e depois da *guaca*. Um antes e um depois que continuam suspensos na frase do soldado Wilson Alexander Sandoval que, agachado em seu dormitório de recluso, onde dorme no chão porque ainda se sente na selva, repete com uma ingenuidade verossímil, ao explicar por que ele e seus companheiros se apropriaram da *guaca* das Farc: "esses dólares não são propriedade do Estado, mas de quem os encontrar, pois são notas de outro país."

Este livro foi composto na tipologia
Leawood Book, em corpo 10,5/15, e impresso
em papel off-set 75g/m² no Sistema Cameron da
Divisão Gráfica da Distribuidora Record.

Seja um Leitor Preferencial Record
e receba informações sobre nossos lançamentos.
Escreva para
**RP Record**
**Caixa Postal 23.052**
**Rio de Janeiro, RJ – CEP 20922-970**
dando seu nome e endereço
e tenha acesso a nossas ofertas especiais.

Válido somente no Brasil.

Ou visite a nossa *home page*:
http://www.record.com.br